破局思维

POJUSIWEI

中国整装零售经营管理评论

第一辑

知者大家装智库丛书之一
整装零售经营管理

华中科技大学出版社
http://press.hust.edu.cn
中国·武汉

穆峰 ○ 主编

图书在版编目(CIP)数据

破局思维：中国整装零售经营管理评论/穆峰主编.—武汉：华中科技大学出版社，2023.10
ISBN 978-7-5680-9605-8

Ⅰ.①破… Ⅱ.①穆… Ⅲ.①住宅-室内装修-建筑企业-企业经营管理-研究-中国
Ⅳ.①F426.9

中国国家版本馆 CIP 数据核字(2023)第 167983 号

破局思维：中国整装零售经营管理评论　　　　　　　　　　　　　　穆峰　主编
Poju Siwei：Zhongguo Zhengzhuang Lingshou Jingying Guanli Pinglun

策划编辑：易彩萍
责任编辑：陈　忠
封面设计：刘文涛
责任校对：周怡露
责任监印：朱　玢

出版发行：华中科技大学出版社(中国·武汉)　　电话：(027)81321913
　　　　　武汉市东湖新技术开发区华工科技园　　邮编：430223
录　　排：华中科技大学惠友文印中心
印　　刷：武汉科源印刷设计有限公司
开　　本：710mm×1000mm　1/16
印　　张：17.75
字　　数：242 千字
版　　次：2023 年 10 月第 1 版第 1 次印刷
定　　价：78.00 元

本书若有印装质量问题，请向出版社营销中心调换
全国免费服务热线：400-6679-118　　竭诚为您服务
版权所有　侵权必究

战略支持及特别推荐一

穆峰老师与伟星新材相识多年,在伟星多个发展节点,穆峰老师都给了我们很多卓有成效的建议。

七月,我们邀请穆峰老师拨冗造访伟星新材,双方促膝而谈,深入交流,就建材企业关注的焦点问题,穆峰老师给予了颇具洞察力的参考意见。此外,穆峰老师还以"整装进化与部件集成实践思考"为主题进行了精彩的分享,其中关于"价值做大,价格做优""口碑正向循环理论""体验和运营效率象限"等理论与模型的分享极具启发性,给予了我们更为革故鼎新的见解。

沉潜在家装行业,伟星新材的经营理念与穆峰老师的管理洞察不谋而合,可谓血脉相连。伟星新材以"高品质生活者"为使命,是中国管道行业的领先企业之一,坚持以用户为中心,通过"星管家服务"为中国的千家万户提供安全可靠的用水保证,年服务用户数达数百万户。

2023年,伟星新材向着使命赓续前行,制定并推进了三大战略:"大客户"战略,聚焦全国及区域头部家装公司,建立从"立体客情、专属产品、技术前置,以及全国一体化执行的服务标准",通过战略合作,联手引领行业;"大服务"战略,以服务为核心优势,在行业取得领先地位,通过平台一体化建设,推进管道、防水、净水、舒适家系统的服务标准化和一体化;"大系统"战略,整合装饰装修多品类产品,提供"水电系统、给排防系统、水系统"等一体化解决方案,从而为客户带来"人无我有,人有我优,系统方案,全程无忧"的最佳体验。通过三大战略,伟星新材为头部家装公司构建全新的场景体验,不断提升价值。

同时,伟星新材并肩携手客户,为客户、用户、员工、股东、社会创造高品质生活,提供环保健康的产品、温馨细致的服务、互利共赢的价值,不断完善人类生活空间,成为高品质生活的支持者,在社会层面建立起良好的美誉度。这正是穆峰老师"口碑是装企第一生产力"的最佳实践鉴证。

相信穆峰老师《破局思维:中国整装零售经营管理评论》这本书的发行,一定能为行业提供清晰的指引。这本书必将成为建材行业的重要参考,帮助企业家和从业者对行业现状和未来发展趋势有更深刻的理解,为行业发展注入新的活力,并引领他们在激烈的市场竞争中找到突破和创新的方向,破局制胜!

浙江伟星新型建材股份有限公司

战略支持及特别推荐二

一直以来,穆峰老师与美的集团家用空调事业部交流颇深。2023年4月,穆峰老师拨冗造访美的集团家用空调事业部,双方就家电和整装融合的问题进行了深度互动与探讨。穆老师提到,随着人们对生活品质的要求越来越高,家装行业也在不断升级。装企和部品及家电企业的融合,打破了传统的商业逻辑,需要直面终端客户的众多需求,更考验家电企业的服务和协同能力。

《破局思维:中国整装零售经营管理评论》是穆峰老师精耕细作的又一力作,很荣幸美的中央空调成为新书的联合出品单位。家电是整装公司新零售转型不可或缺的业务,自2021年以来,美的空调致力于和整装公司深度合作,战略级重视家装和设计师渠道,与整装公司双向奔赴,共同成长。

穆峰老师是整装零售研究的先行者,相信新书的发行,会让行业焕发新活力,也给家装人带来新的思考与行动,为消费者带来更美好的人居生活体验。

美的家用空调事业部

感　　谢

以下行业大咖、朋友和合作伙伴对本书的大力支持

联合顾问

徐国俭　　上海市室内装饰行业协会会长、聚通装饰集团董事长
颜伟阳　　贝壳副总裁、圣都整装创始人
陈　辉　　东易日盛董事长
张　钧　　业之峰装饰集团董事长
倪　林　　金螳螂企业集团董事长
袁超辉　　点石家装董事长
施国军　　伟星新材副董事长、副总经理
杨　海　　上海统帅装饰集团董事长
陈　炜　　爱空间创始人
杨　渊　　上海星杰装饰集团董事长
白　杰　　生活家家居集团董事长
夏振华　　华浔品味装饰集团董事长、总裁
曾育周　　"整装校长"靓家居董事长
张　华　　唐卡装饰集团董事长
姚红鹏　　德尔未来董事、德尔地面材料产业总裁

戴江平　今朝装饰集团董事长
黄　杰　一起装修网董事长
李　荣　红蚂蚁集团董事长
李　刚　沪佳装饰董事长
祝旭慷　南鸿装饰董事长
江　涛　岚庭集团董事长
徐华春　沪尚茗居董事长
张一良　铭品装饰董事长
田茂华　千年舟集团副总裁
郑晓利　华美乐装饰集团董事长
杨兴国　顾家家居整装业务经营部总经理
尚海洋　积木家董事长
王嘉雯　美的家用空调事业部设计师运营专家

联合发起人

装企代表

任志天　极家家居集团总裁
汪振华　丛一楼装饰集团董事长
海　军　海天恒基装饰集团董事长
柳方洲　万泰装饰有限公司总裁
陈　宏　华然装饰集团董事长
肖刘根　创艺装饰集团总裁
王　锁　美猴王家装董事长
闫　佳　爱空间高级合伙人
刘羡然　住范儿CEO
李　静　梵客集团董事长
陈忠平　鸿扬集团董事长
钟菊成　美迪装饰集团董事长
王　谦　金空间装饰董事长
万雪冰　靓家居常务副总裁
张　轶　金隅天坛整装总经理
王　丹　乐尚装饰总裁

唐维升	重庆俏业家装饰董事长
张　凯	华杰东方装饰集团总裁
戴仙艳	今朝装饰集团总经理
刘　军	西安华杰城市人家总经理
王　云	大业美家集团总裁
瞿　涛	尚层装饰集团副总裁
张　强	天津室内装饰协会副会长、天津信日装饰集团董事长
王乃辉	原天猫装修业务负责人
凌春粮	中博装饰董事长
都宜贵	都都装饰集团董事长
陈　伟	容象空间设计董事长
李　青	恒彩装饰创始人
程海鹏	浙江力唯装饰设计董事长
朱　辉	麦丰装饰创始人
毕国庆	楚帮上易装饰创始人
李惠华	南鸿装饰总经理
薛邦金	河南超凡装饰董事长
孙　蕾	沪上名家装饰集团董事长
钱俊雄	武汉嘉禾装饰董事长
陈学绍	金螳螂家总裁
李　帅	U家工场集团董事长
周志威	轩怡装饰创始人
陈　钟	当家装修创始人
焦　毅	上海朗域装饰总经理
曾令伟	上海T6国际设计装饰董事长
束传宝	上海拉齐娜国际设计董事长
李栋梁	知贤装饰董事长
蒙延仪	上海C+装饰集团董事长
俞爱武	上海俞润空间设计董事长
朱结合	上海青杉装饰董事长
叶子清	上海焱歌装饰集团CEO
侯东志	上海嘉言建筑装饰工程有限公司总经理
耿黎明	聚通集团总裁助理、尚海整装市场中心总经理
杨林生	幸赢空间设计董事长
丁　力	深圳广田云万家科技有限公司创始人、总裁

感谢

金　锋　　深圳金紫荆装饰集团董事长
肖道宇　　深圳好易家装饰集团董事长
刘经仿　　深圳浩天装饰集团总裁
葛士阳　　深圳领航装饰创始人
谢宇兵　　深圳誉家装饰董事长
林　萌　　东莞鲁班装饰董事长
曾九江　　两手硬装饰董事长
左汉荣　　顾好家（福建）装饰工程有限公司总裁
汪增明　　北京佳时特品牌装饰董事长
任登峰　　北京紫钰装饰总经理
翟利军　　北京苏技装饰总经理
冯飞龙　　北京金典装饰集团总经理
安　杰　　业之峰装饰集团副总裁
郭文军　　华浔品味装饰集团副总裁
徐　刚　　红蚂蚁集团副总裁
高　飞　　统帅装饰集团副总裁
裴智松　　山水装饰集团副总裁兼全案公司总经理
洪斯君　　铭品装饰副总裁
梁建民　　广西品匠家居装饰集团副总裁
沈鹤林　　兄弟装饰集团交付中心总经理
黄　宇　　常州鸿鹄设计创始人
李瑞庭　　晋城德意之家装饰董事长
王　境　　无锡金钥匙装饰董事长
雷　震　　宁波十杰装饰总裁
杨锁红　　江苏米多装饰董事长
王大川　　绿色家装饰董事长
谭　峰　　九根藤集团董事长
袁晓忠　　积木家联合创始人
江　琳　　西安峰上大宅装饰有限公司总经理
魏开宇　　西安翼森装饰设计有限公司总经理
金琛瑜　　樽洋装饰CEO
周志瑜　　杭州峰上大宅董事长
张友平　　威海筑雅别墅创始人
武　薇　　厦门嘉悦天盛别墅装饰创始人、设计总监
权　明　　凡华似金（金华）家居装饰有限公司创始人

尹吉兵　上海恒唐装饰总经理
张雁飞　上海鸿鹄设计总经理
葛烨明　靓家居营销总经理
卢伟铭　华宁装饰集团副总经理
王　兵　江南美装饰集团副总经理
刘军辉　陕西中邦精工装饰公司总经理
张圣君　沪佳装饰集团集采中心总负责人
周余强　九鼎装饰副总裁
周　易　承家新装创始人
蔡志斌　西宁嘉和日盛装饰董事长

部品 & 赋能商代表
陈　航　群核科技（酷家乐）联合创始人兼 CEO
叶　兵　58同城高级副总裁、安居客 COO
周天波　红星美凯龙家居集团副总裁
周志胜　全屋优品创始人兼董事长
邓裕升　九牧集团全国零售管理中心总经理
张凯生　中深爱的寝具董事长
王国春　土巴兔联合创始人
林　辉　知户型创始人、董事长
邓　洪　凯达门业总经理
周清华　管仲连子（上海）管理咨询机构董事长
张华军　海尔智家三翼鸟市场总经理
何　石　方太集团家装事业部总经理
罗　勇　东鹏控股家居事业部总经理
刘国新　北新建材龙牌公司市场部总经理
官学军　公牛集团国际事业部总经理
苏烈强　伟星新材总经理助理、装企事业部总经理
陈建若　满屋研选联合创始人
秦漾东　智装天下董事长
丁　胜　云立方 CEO
谷年亮　牛辅材董事长
胡　平　德尔地板总经理
董　莹　Der·1863地板总经理

感谢

谭　萍	TATA木门营销中心总裁
邢　敏	中数建集团副总裁、欧麦红董事长
陈　旭	欧标建材集团董事长
赵　谦	泛米科技董事长、帝盟创始人
张静波	尚品本色智能家居副总裁
彭婷雯	萨米特瓷砖品牌副总经理
杨　帆	特普丽墙饰总经理
郑金存	宝格雷电线总经理
肖　东	卡迪欧电热毛巾架CEO
赵明翔	摩看科技CEO
杨　丹	武汉云辅材CEO
丁海燕	上海卡夫（新高）建材材料有限公司总经理
谢永成	恒洁卫浴家装渠道部总经理
高世淋	金牌厨柜整装事业部总经理
谭雁鸿	火星人集成灶家装事业部总经理
许清国	东方雨虹民用建材集团装企事业部总经理
任文杰	小米优家第三方家装监理创始人
姚　亚	敏华控股会员部总监、芝华仕星居整装副总经理
张　峰	意大利COES高端管道中国区总裁
张　政	优筑家居总经理
潘龙飞	东方牛创始人
沈潮虎	君潇地毯创始人
西　蒙	肯森管道中国区总经理
朱元杰	成都共同管业集团副总经理
谢自超	美家时贷联合创始人
董永鹏	千年舟集团家装大客户总监
侯绪文	美的家用空调事业部家装公司渠道负责人
苟涛涛	优材联盟联合创始人
许国江	摩恩厨卫全国战略客户渠道负责人
江　旻	施耐德电气全国家装渠道负责人
姚国明	老板电器家装业务部总监
沈　健	惠达卫浴家装渠道总监
崔力争	华耐家居装饰总监
高　伟	简一集团零售业务中心总监
李　全	三雄极光品牌管理中心总监

游　峰　滨特尔水处理商务发展总监
李界锋　科顺集团战略客户家装部总监
王正甫　江苏佳仕可新材料科技有限公司市场负责人
马振飞　AKIA 地毯工坊合伙人
田晓东　搜辅材创始人
史　良　幂态科技 CEO
甄　诚　甄采供应链 CEO
钟伟伟　普赫(苏州)暖通设备工程有限公司总经理
张　舜　上海荣础楼宇设备工程有限公司总经理
肖良宇　安徽科居新材料科技有限公司副总经理
谷　伟　装小哥创始人、砂宝亮砂浆创始人
熊　飞　特变电工全国家装部总监
胡食智　深圳绿米联创科技高级总监
张泽东　贝朗卫浴装饰事业部总监

（排名不分先后）

自　序

再用十年见证大家装行业走向美好
——因为热爱,所以坚持

笔者在《增长思维:中国家装家居经典商业评论》导言开头写道:回想起创立知者的初心,我一直想建立一套体系和模型来推动行业的发展及进化。

时至今日,相比两年多前有很大进步,但还在探索。现在大家装(指家装家居,若为家居家装则是大家居,主导权有差异)正在经历变革,但周期还很长,知者希望与所有同道者一同进步,助力行业走向美好。

一、从低质量到高质量发展

1. 家装公司高质量发展的三个表现

对于装企来说,怎样才算高质量发展?结合知者研究对头部装企的走访调研,我们认为装企的高质量发展体现在三个方面。

一是经营相对稳健,重点把握三个经营指标,即"守住毛利率、稳定签约率、提升回单率",核心能力就是"转化能力、交付能力、回单能力",分别影响的是"营销成本、用户口碑、运营效率"。

二是发展节奏稳,不犯战略性错误。企业小时抓机会,企业大时少犯错误,不能瞎折腾,也不能不折腾。没看透时先稳着,慢半拍后看准再发力,以稳健经营为基础,然后慢慢去"长肌肉",节奏踩准、踩稳。

三是"练内功"、补短板。增量市场拉长板,而在存量市场,短板可能会成为致命弱点,比如交付能力弱。

总之,稳字当头,口碑为王。

2. 从部品角度看装企的价值模型

在上一轮家装行业洗牌中,营销闭环、交付断环的跑路产能和低价营销、恶意增项的劣质产能被逐渐挤出;而本轮经济大周期叠加地产周期对行业的影响更大,会将毛利不低、净利极低或为零的低效产能淘汰掉……装企必然从低质量发展走向高质量发展。

所以家居建材部品企业跟装企合作不能只看产值和规模,而忽略了其是否发展健康,是否可持续。从部品企业看装企有个价值模型,包括三个方面:第一是看利润,其公司是否有利润,和其合作是否有利润;第二是看市场份额,是否是良性增长,是通过做大价值提高客单价,还是稳健增加店面,没有过度扩张;第三是看信用,现金流是否安全,如果10次回款9次逾期就要警惕了。

当下的整装不代表未来,有巨大的试错成本,所以作为利益相关方的家居建材部品企业要分摊试错成本,但得找到有未来价值的装企进行分摊,而不是给劣质产能和低效产能分摊,要趋利避害,不能盲目分摊。

部品通过上述模型筛选出好的装企客户,本质是要解决和谁在一起的问题。当下部品跟装企合作不能冒进,但要前进。就像德尔地面材料产业总裁姚红鹏总结的十六字诀"拥抱变化,看清趋势,做好准备,形成实策"。

未来装企是胜者为王和剩者为王,前者得具有系统性竞争力,后者得有风险防范能力,即迈过坎儿的能力。

二、整装破局与发展演化

1. 做整装的三个逻辑

整装的本质是家装要素产品化和服务自营,与SKU数量没关系,数量的多少只是能力的表现。在服务自营的基础上,整装的逻辑演化大致会经过三个阶段。

第一,组货的逻辑。几乎没有产品研发,更多依赖设计师的销售水平,通常方案整体还原度较差。

第二,产品的逻辑。针对目标群体核心诉求进行一体化产品整装研发,把材料和相关服务基于设计和交付集成为一个产品,由装企全面对接和响应用户需求,打通设计、施工,追求所见即所得。

第三,生活方式的逻辑。基于用户家庭成员的关系和生活方式提出个性化解决方案,从共性到个性,从产品到生活,对设计师(将设计师的字幕改为设计研发)的要求更高。

而要明确的是服务自营是当下家装行业的社会化分工严重不足,导致交付等基础设施很不成熟,所以大家越做越重,这不是未来的形态。

2. 未来家装产业的社会化分工

房地产如果一开始自有设计院、土建施工单位等,但没有完善的社会化分工可能也不会达到五六千亿的规模体量。那么家装的交付体系如果有社会化分工呢?我们将视角放到十年后来看,百亿级甚至千亿级的家装公司(或平台)会对核心能力做减法,可能就两个:一是产品研发能力和对上游供给端的改造能力,将大量用户需求拆解反向柔性定制;二是全链路的数字化能力,将链条里的利益相关方高效协同。

家居建材部品企业带来交付能力,即经销商转型为服务商,家装公司成为产品研发公司,从施工交付中解放出来,通过数智化云设计＋ERP＋BIM＋产业工人等数字化平台和基础设施,将落地交付交由各厂商的服务商和社会化的施工平台分解完成。

这是我们依据社会化分工推演出的家装演化的一种方式,聚焦核心能力,放大各自优势,让产业链更健康、可持续,大家都能挣到合理的钱,告别过度竞争,走向充分竞争。

3. 从新能源汽车发展看整装的演化

如果将整装类比为新能源汽车,则个性化下的标准化整装和标准化下的个性化整装可以类比为混动汽车和纯电汽车。混动汽车是在电池性能和充电基础设施不够完善的背景下推出的,虽然油电两套系统增加了成本,但混动汽车比燃油汽车省油,比纯电汽车更适合出城。

个性化下的标准化整装也是在家装行业基础设施差及后端交付涉及的要素重组需要时间的情况下形成的,目前是销售前端的标准化,即各种套餐、套餐组合及套餐＋零售模式,加上后端一定程度的标准化,如施工交付的标准化、定制模块的标准化等,核心是先满足用户的个性化需求再解决企业的内部效率问题,但这个先易后难,会越来越难!

如果是先解决标准化的效率问题再满足用户的个性化需求,是先难后易,因为供应链＋服务链从一开始打通不容易形成阻碍发展的组织心智,尾大不掉时做变革最难。

一旦相关要素重组完成,大幅降低对人的依赖性,实现销售前端个性化、后端交付标准化,如同纯电汽车替代传统燃油汽车一样,产品化整装会实现对传统供应链组货式整装的替代,而且其产品会不断地迭代,以标准化为内核的个性化产品整装更能满足用户对颜值、功能和价格的需求,那时人们会像买车一样买装修服务。

三、使命驱动,我们正年轻

1. 使命的底色

因为热爱,家装行业内还有很多人在坚守,只是想行业能更好,也相信行业必然会更加美好。十年,甚至二十年、三十年都在家装行业内耕耘,我们热爱它,愿意尽绵薄之力推动行业进步,哪怕只是加了一片瓦。

所以永远学习,永远坚韧,在不确定中不断寻找方向感与意义感;而从作品到美好作品再到灵魂作品,为大家装行业写一本好书,这就是我的命(使命)。

当然这本《破局思维:中国整装零售经营管理评论》作为知者智库的第六本书,只能算是一本普通的作品,但我给自己再一个10年,要实现灵魂作品,愿望是美好的,得努力才行。

2. 价值正循环

知者研究是做什么的?研究什么?盈利模式是什么?简单来说,知者是一家使命驱动的公司,虽然我们规模很小,但一直深耕大家装研究并持续出版高质量的相对畅销的行业专著。

上一本《装修口碑怎么来:重塑用户体验场景》是知者智库丛书的第五本书,最早于2017年9月筹划,两次重写,多次难产,终于在去年年底上市,今年2月24日在上海同辰学堂举办了第二届中国整装零售50人论坛暨新书发布会。

总体来讲,这本书比《装修新零售:家装互联网化的实践论(精编版)》往前迈了半步,但还达不到我认为的美好作品的程度,介于作品和美好作品之间,但也是一种进步。

如何实现"从作品到美好作品,再到灵魂作品"的进阶?肯定不是闷头写,而是通过给装企做研究式的课题落地咨询和给家居建材部品企业做基于整装渠道的卖点定位、产品策略等咨询顾问过程中形成更好的模型、方法论和体系,然后再反哺到内容里,让书不断进阶;优质的书再吸引更高质量的客户,形成更好的模型、方法论和体系,再继续让书进阶,从而形成价值的正循环。现在,知者有些价值正循环的味道了。

四、写在最后

经常被问到对行业的趋势判断,以及其他头部装企是怎么想的和怎么做的。当然还有腰部装企和家居建材部品企业,总体的感触是三个关键词:还好、迷茫和焦虑。

说"还好"的,是有"内功"的企业,之前一直"练内功""长肌肉",关键时刻比如缺流量了,那么也能抱大腿,如爱空间和京东的合作;"迷茫"是看不到未来的方向,当下可能过得还行,但未来如何走,不清晰,或者说不确定;内心"焦虑"的,是不知道还能支撑多久,对于黎明前的黑暗,当下两眼一抹黑看不到前面的路,而洗牌周期可能要持续三年甚至更长。

很多时候,当下的困境之前就已经注定了,只是我们没有意识到而已,当然大浪淘沙,适者生存,活下来才有机会!

最后感谢顾家家居、德尔地板、千年舟、美的中央空调、伟新新材及火星人、南鸿装饰、九鼎装饰、VIV、知户型、嘉悦天盛、九牧卫浴、公牛集团等对本书上市的大力支持!

一起助力家装家居行业走向美好!

一起创造美好作品!

穆峰

2023 年 9 月 11 日

目录 CONTENTS

第一篇 客户价值是原点

存量时代，家装行业三大趋势及应对之道 2

聚通在深耕社区方面做了一些探索，提出"存量房时代，以社区为本"的战略，有五大工作指导思想，即"社区为本、口碑相传、客户至上、用心服务、极致转化"，就是以门店为据点，辐射立足社区，消除与客户间的距离。

徐国俭

新形势下向"以客户为中心"转型，真正为客户创造价值 8

家装从业者不要试图逃避或掩盖问题，而是要真实地把自己和公司呈现在客户面前。我们越早面对自身的问题，就能越早面对客户的真实需求，从而越早把客户服务做好，这才是真正重要的。

杨渊

以客户价值为中心回归商业本质 14

"浪潮中的长期主义，难而正确的家装之路"，我用这句话总结圣都的"二十岁"。这条路上，圣都做对了两件事。

颜伟阳

26年老牌装企的破局思维：真心对客户好，让客户说了算 18

客户是我们的贵人。为什么？第一，他选择我们，给了我们一个服务的机会，这是惠泽我们。第二，他指出我们很多问题，即使解决成本高一点，也有助于我们发现很多共性问题，进而进行系统性的改革升级，倒逼自己进步。

张钧

探索以用户为中心的完美交付　23

中国经济已经进入下半场，既有挑战，更有机遇。作为经营者，唯有强抓运营、苦练内功、与时俱进、主动变革，才能在逆境中活下来，活得好乃至活得久。

姚红鹏

重塑用户场景，创新社区服务价值　28

社区商业本质上是经营熟人的生意，生存能力最强的是"杂货铺"和服务型业态。因此，要想在社区中存活下去，一定要以用户为根本、以产品为基础、以服务为核心，构建社区商业的圈层生意模式。

罗勇

重新定义"住"与"宅"，推动住宅产业变革　34

以工业设计为底层的住宅架构逻辑，最终实现的是设计模数化、部品模块化、空间标准化、施工装配化，住宅产品就可以千变万化。遵循工业设计的底层逻辑，实现一体化设计，这才是住宅产业化的未来。

关永康

第二篇　整装零售面面观

整装的基本逻辑、演化路径及装企实现规模价值的关键因素　40

整装的本质不是"全"，而是"整"，指的是整体性、统一性，其服务主体是唯一的，部品风格是一致的，内部组织是一体的。

知者研究

目录

整装思维,家装人的必修课　51

"3"是指整装的三大原则:整装一定得满足用户的家庭需求、房屋情况、预算情况。"4"是指整装的四大结果:好看、好用、省心、划算。

尚海洋

开启整装零售之路　56

家装行业中的消费者认知的发展才是真正推动行业变革的基础。2021年被称为整装元年,消费者对"标准化＋个性化"整装的需求和认知已经开始发生转变,行业裂变的基础已经产生。

曾育周

从装修到零售:住范儿的模式演变及对行业未来的判断　63

零售的本质,应该是一手抓流量垄断,一手抓供应链效率的生意。对于消费者的运营是否做得足够到位?匹配的供应链是不是可以有效率地去做销售和出货?无论是从整装到零售,还是从定制到零售,到最后大家都要回答这个问题,去建立一个体验和效率的平衡。

刘羡然

整装高效运行的四个"一"　71

在市场形势严峻的当下,企业得有决心做减法,不能急于开疆拓土,把一个市场做透、做深是根本。

郑晓利

立足消费需求,做出沪佳特色的整装　76

对于整装公司而言,做大每一单的客单值,就是做大规模。而要想实现规模化发展,进行家装、家居、家电的资源整合是有效途径。

李刚

解码顾家家居"新价值链整装"模式 79

顾家以成品所代表的装修风格为抓手,形成成品驱动定制、驱动硬装的反向驱动力,以消费者为核心重塑整装价值链,赋能装企,掀起提升成交率、放大客单值、提升用户体验的整装变革。

杨兴国

欧派整装大家居发展路径解析 84

硬装和定制本质上是两套逻辑,前者是服务,后者是制造。硬装标准化不能达到一定程度,定制和硬装的整合成本就很高,只能一边等待一边尝试,为日后的一体化整合积累经验和资源。

知者研究

聚焦家装需求,构建装企渠道新零售 91

火星人通过近三年的家装渠道建设,已逐步打造出一支专业高效的总部家装团队,并通过工厂、装企、加盟商之间的价值链设计,建立了一套稳定的销售和运营服务体系。

谭雁鸿

产品化整装的底层逻辑拆解——九根藤案例带来的启示 95

真正的整装应该是产品化的,可以像买汽车、吃火锅一样,进行菜单式选配、个性化服务、一站式解决,用户只需要对结果做出评判,而不需要关注过程。

知者研究

第三篇 组织进化方法论

修炼方太领导力,推动组织持续成功 108

需要注意的是,方太领导力模型借鉴了西方广泛认同的领导力与管理能力的差异性,重点放在领导力而不是管理能力上。方太认为,管理能力是偏硬性、偏外显的方式与方法,侧重技能,可以通过训练的方式习得;领导力是偏软性、偏内生的特性与素质,侧重心性,可以通过修炼的方式获得。显然,西方领导力关注技能与训练,中华领导力关注心性与修炼。

茅忠群

消费变革下装企的最大挑战及应对策略　117

生活家始终认为,家装公司应该在四大基础设施上发力,第一是供应链,包括仓储、配送、安装、维修等多个方面都要做重,因为不做重就没有核心竞争力;第二是数字化系统;第三是产业工人;第四是组织能力。

白杰

扎根上海精耕服务,做职业、专业和敬业的服务者破局存量时代　121

在信心大于黄金的当下,对于统帅装饰而言,"值得客户信赖,成就员工梦想"比业绩增长更能鼓舞人心。未来,紧随市场变化而动,以用户为核心,做精产品、做优服务以塑造口碑,坚持稳步、健康、可持续的发展将是统帅装饰的核心发展要义。

杨海

装企高层管理者需要具备三个层次的管理能力　128

通过结构化思维,就能把一个表象的问题思考得更深入、更全面。结构化思维一定是总经理之间拉开距离的深层次原因。

王云

产业工人运营模式思考　135

对于产业工人自身而言,同样要经历三次革命,从身份革命,到技术革命,再到信用革命,从原来的一个社会隐形人变成国家信用公民。

南唐

整装产品如何做好工程管理　*144*

工程管理品质的提升不是简单靠挖人就能解决的,而要在配套的组织框架和人力资源建设下,持续推动企业文化、产品、流程及制度的内部宣讲和落地,这离不开装企老板改善工程管理的决心及必要的投入。

任文杰

从组织逻辑的视角谈装企如何成长　*151*

组织的三因素里,组成要素是构成组织的基础,组织目标是持续牵引组织成长和取得成功的恒动力,而组织机制是"组织能力大于个人能力之和"的关键。因此组织设计和组织发展,要从着眼解放人的生产力到更多地着眼解放组织的生产力,即优化生产关系,这就是组织的逻辑。

周清华

第四篇　稳健经营实践录

装企反规模效应,爱空间这样破局　*158*

为了让家装消费者在不确定的行业获得靠谱和省心的服务体验,爱空间以标准化为核心,先后探索产业工人模式,自建仓储物流体系,打造信息化系统,建立职业管家团队,用比较重的、相对控制力强的方式来突破行业的反规模属性,为构建开放、协调、互联的生态系统打下了基础。

辛益华

东易日盛破解规模瓶颈的两大关键　*163*

数字化不只是工具,它带来的是生产力的变革。当组织红利消退,无法吸纳更多优秀人才时,沉淀在数字化里的组织力和运营能力将是企业化解人才风险的系统性能力。

陈辉

目录

如何突破家装交付瓶颈,进入高质量发展阶段　168

家装行业的本质是服务,管理的原点必须回归以人为本,持续打造逾万产业工人是点石不懈努力的方向。

袁超辉

今朝深耕老房装修,稳健增长的九字诀　172

谁的准备工作做得更充分、企业战略定位更加清晰,谁能够给消费者提供最齐全的产品、最优质的服务,让消费者最满意,谁就会在竞争中占据优势地位。

戴江平

区域头部装企在城市扩张中如何规避经营风险　177

企业在扩张前期冒的最大风险就是人才成功率低带来的经营风险,人才成功率不应低于40%。

江涛

装企实现单个小区产值过亿的六字心经　181

"四品"即品牌、品类、品项、品质,通过聚焦高端小区"品类"和公寓房"品项",深耕小区楼盘。由于少就是多,品类越小、越专注、越专业,成功的机会就越大,所以幸赢专注细分市场,发挥高顶尖优势,聚集力量做到"品质"第一,成为细分领域高认知度的"品牌"。

杨林生

一家互联网公司如何做好家装?　188

很多公司出现问题,其实是计划没有做好,供需没有匹配好。所谓供需匹配,是指流量的供给、人的供给、产品的供给等要与订单的需求相匹配,这需要颗粒度极细的管理,而且要确保每年都要匹配好。

黄杰

新竞合时代,头部装企拓展增长空间的战略思考 *192*

聚焦单品牌还是多品牌运营的问题,最终还是要回归到企业持续发展的角度上来思考。每家企业的基因不同,适合的发展道路也不同,关键要在竞争中找到自己的优势并持续强化它。只有把自己置身于市场竞争中,经过方方面面的PK,你才会发现自己真正的优势。

徐华春

第五篇　行业创新在路上

产业互联网背景下,装企规模突破的新机会及五个新趋势 *200*

家装的难点在于调和用户个性化需求与稳定交付之间的矛盾。问题的核心还是标准化体系的缺失,从获客到签单、从设计到施工,有太多环节影响交付的稳定性。这就需要对整个流程进行梳理和分解,在每个节点建立标准,加强监管,这是一项复杂的工程,小装企很多时候无能为力。

知者研究

从公装到家装,打造一站式新家装数字化平台,推动家装走出"农耕时代" *208*

金螳螂·家希望把公装的经验嫁接到家装中来,推动家装从农耕时代进入工业时代和信息时代。

倪林

索菲亚如何通过提升运营效率和品牌获客二次破局? *213*

企业不能为了实现数字化而数字化,而应为了实现业务目标而数字化。数字化战略一定是基于业务发展规划,两者应该是相辅相成的,要同步去制定、去推进。另外,现在是数智化的时代,企业家或管理层要保持开放的心态,要去各行各业了解学习,不能

目录

封闭自己。

王兵

从量房开始，着力打造以空间数据为载体的服务平台　221

随着5G新基建的不断完善和各项政策的推动，中国产业互联网时代已经来临。包括家装家居在内的传统产业，急需不同场景的数字化解决方案来降本增效，这就为软件开发服务商提供了施展拳脚的舞台，没有哪个国家有中国这么好的网络基础设施和应用创新机会，国产行业应用软件崛起正当其时。

林辉

聚焦生活场景方案定制，打造智能家居新物种　229

场景思维的关键内核在于无界，即充分给予用户选择的权利，打破时间和空间的局限，定制属于自己的居住空间和生活方式，实现产品无界、设计无界和智慧无界。

张华军

服务至上，重新定义"人货场"下的家装破局之道　235

24年来，千年舟集团始于板，立于板，以"缔造健康居家，引领品质生活"为使命，依托强大的绿色智造及供应体系，以用户为中心深耕家装领域，从一张好板到生活空间，从环保产品到健康理念，积极探索空间及装配式解决方案，逐步构建绿色家居生态产业链。

田茂华

部品企业如何成为装企渠道定制专家——VIV床垫案例解析　240

深度合作的前提是有一致的价值观，如知者研究和VIV都是出于"为装企赋能，助力大家居更美好"的初心，靠产品的性价比和服务的价值说话。当合作各方都能真心为用户解决问题、创造价值的时候，这个行业才有更好的前景。

知者研究

PART **1**

第一篇
客户价值是原点

存量时代,家装行业三大趋势及应对之道

上海市室内装饰行业协会会长、聚通装饰集团董事长　徐国俭

聚通在深耕社区方面做了一些探索,提出"存量房时代,以社区为本"的战略,有五大工作指导思想,即"社区为本、口碑相传、客户至上、用心服务、极致转化",就是以门店为据点,辐射立足社区,消除与客户间的距离。

2022年,中国房地产市场迎来真正的拐点,诸多政策刺激下,新房销售依旧量价齐跌。楼市上涨预期不在,新房交付规模越来越小。对装企(家装企业,简称装企)而言,意味着新房装修这块"蛋糕"会不断变小,家装行业正在进入存量时代。以后,消费者的主导权越来越大,行业间的竞争越来越激烈,宽松的好日子一去不复返了。

在充分竞争的业态中,只有不断研究和持续满足用户的需求,家装公司才能不断地进步,才能生存,这也是聚通能够成长为上海头部装企背后的逻辑。

从聚通的发展来看,整体分为四个阶段,都是在围绕用户需求做调整。第一个阶段是探索阶段(1994—1997年),当时还是采用传统的纯发包模式,在摸索中推出透明材料清单报价、一级施工管理不发包、五位一体设计

管理模式等领先行业的发展特色;第二个阶段是快速发展阶段(1998—2007年),我们从工程交付体系、设计管理体系各方面围绕消费者需求进行全链路的优化迭代,一跃成为上海地区业绩第一的装企;第三个阶段是徘徊阶段(2008—2011年),在上海占领市场并与同行拉开差距后,我们尝试布局长三角走向全国,但最终觉得价值不大;第四个阶段是深耕阶段(2011年至今),通过对上一阶段的复盘,发现我们并没有做透本地市场,于是调整战略,将上海作为根据地深耕本土细分市场,先后设立聚通装潢、腾龙别墅设计、尚海整装三个子公司,进行多品牌运作。

2023年家装市场的回暖是肯定的,但有一个逐步恢复的过程。但存量时代的竞争会很激烈,装企必须看清趋势,顺势而为。当下,行业有三大趋势不容忽视。

趋势一:省心省力成为家装刚需

聚通的装修模式已经从第一代清包工、第二代清包工加辅材、第三代半包、第四代半包加主材代购、第五代套餐、第六代整合全包发展到了第七代,我们称之为个性化整装买手模式。首先,家装离不开个性化设计,聚通秉持"尊重、人本、臻至、远见"的设计观,所有的设计都建立在尊重消费者的需求之上。其次,年轻消费者生活节奏快,不愿在装修过程中投入更多时间和精力,更倾向于省心省力的一站式整装。而实现省心省力,需要装企具备更好的整合能力,从产品设计、报价模式、服务流程、验收环节等各方面都围绕这个中心做文章,在整装过程中保证效果可控、造价可控、工期可控、服务可控,才能给消费者最好的整装体验。

为此,聚通采取了"发展做轻,服务做重"的策略来做整装。一方面,轻资产容易发展,如尚海整装2019年在上海才有一家门店,三年疫情过后,2023年已经有38家门店。另一方面,服务必须做重,从第一代清包工到第七代个性化整装,其实是消费者的需求推动着装企去升级服务。2022年6月,尚海整装积极响应集团守"沪"计划,在门店服务辐射范围内,为有需要的业主提供"水电厨卫免费上门检修服务"。该计划在赢得客户好评的同时,带来了4000万工地营销的业绩。所以,服务做重是当前装企获取口碑的必由之路。

随着模式的发展,今后我们或许不再局限于家装,而是基于用户家居需求做一站式终身服务。将来在我们门店覆盖的社区,消费者不管是在整装、局装、购物还是小修小补上有什么需求,我们都能创新模式去满足他,最终成为一个消费者信赖的生活服务品牌。

趋势二:装企开始主导家装价值链的分配

整装趋势下,装企比部品供应商更接近消费者,更了解其需求,且有机会完成一站式服务。在传统经销商渠道和2B渠道增长乏力的情况下,越来越多的供应商主动寻求跟头部装企合作,也希望通过装企端的反馈去赋能产品的升级。

作为家居流量入口,装企首次拿到了家装价值链的分配主导权,头部装企更是加速向整装零售模式转型,毕竟家居零售服务平台价值远大于项目服务型装企价值,最终将催生众多强势的消费品牌。

聚通作为上海市室内装饰行业会长单位,不仅需要强化自身服务规范,更需要起到引领带头作用,必须站在整个行业发展的高度来看待这些新问题、新变化,以"聚心、合力、共赢"的理念共建家居零售服务平台。

(1)聚心。首先,行业发展的宗旨,必须符合党和国家的政策和宗旨,符合人民追求更美好生活的根本利益;其次,我们要共同维护和遵守行业的利益和规范;第三,我们要树立具有行业专属性的文化理念,塑造主人翁精神,以共同的行业价值观打造行业的荣誉感和归属感。

(2)合力。我们要把传统家装、材料、设计、监理、家具、软装、家电等各个板块串联、互动起来,形成一个行业主题生态圈,资源共享、技术共享、利益共享。比如上海市室内装饰行业协会就分为家装、公装、设计、材料、监理几个专业委员会,形成比较好的合力。

(3)共赢。我们有责任通过扶优治劣促进行业健康发展。要打造标杆企业,一方面正能量示范可以带动整个行业进步,改善家装行业的社会形象;另一方面可以提升行业集中度,规避不正当的恶性竞争。

聚通的核心价值观是**"聚人心,通天下"**,即聚客户之心,路通天下;聚员**工之心,业通天下**;聚合作伙伴之心,情通天下;聚社会之心,誉通天下。在核心价值观的引领下,聚通内部将按照"正品、正价、正货"的立场和标准,去满足我们对消费者的承诺。同时,联合头部装企形成合力,大家一起把服务质量、产品、工艺和口碑做好。对供应商,我们一方面做好优选工作,另一方面做好过程管理,跟部品企业合力服务好消费者,尽可能填补衔接的缝隙,让客户有更好的体验。

趋势三:市场向头部装企集中,行业进入"春秋"时代

在增量房时代,客户集中在新楼盘,装企可以精准找到客户;到了存量房时代,客户是分布在各个社区的,装修需求以长期滚动的、持续不断的形式产生,装企就无法精准找到客户,只能让客户来找装企。这种情况下,头部装企在获客上就更有优势,市场会加速向头部装企集中。未来几年,各省市的头部装企会逐渐形成"800 诸侯",家装行业进入"春秋"时代。

聚通的做法是,一方面通过长期建立的良好口碑,扩大品牌影响力,去吸引更多消费者;另一方面做社区布局,多铺门店,方便消费者找到。一句话去诠释就是"想得到,看得到,买得到"。

疫情期间,聚通在深耕社区方面做了一些探索,提出"存量房时代,以社区为本"的战略,有五大工作指导思想,即"社区为本、口碑相传、客户至上、用心服务、极致转化",就是以门店为据点,辐射立足社区,消除与客户间的距离。

我们提出社区家装团的布局,即 1 个社区家装队长加 6 个社区家装帮手,1 个家装顾问加 3 个社区家装规划师,1 个社区家装管家加 6 个社区家

第一篇　客户价值是原点

装管工,加起来就是"十八罗汉"。每个家装帮手可以深度服务1000户居民,按照年装修周期和市场占有率,每年就能产生30个家装合同,那么6个家装帮手就能产生180个合同,即3600万签单,算上1个家装顾问加3个家装规划师,以及1个社区家装管家加6个家装管工,那么一个社区家装团可共同完成3600万产值的转化。

以聚通为例,我们在全上海总共有52个门店。若每个门店有一个社区家装团,就会产生18.72亿产值;若每个门店有两个社区家装团,就会对应产生37.44亿产值;若每个门店有5个社区家装团,公司总产值就可以直奔100亿。当然,目前该模式尚在探索实践中。

经粗略估算,上海家装市场总规模为1000亿元左右。基于二八定律,未来3~5年,Top30的头部装企会占据整个家装市场80%的市场份额,即800亿规模;若头部装企中的20%再分80%的份额,单个装企规模就会破百亿。

对于聚通而言,未来3~5年的重点就是以人为本,深耕社区,用心服务,积累口碑,把上海市场做深、做透。

新形势下向"以客户为中心"转型，真正为客户创造价值

星杰装饰集团董事长　杨渊

家装从业者不要试图逃避或掩盖问题，而是要真实地把自己和公司呈现在客户面前。我们越早面对自身的问题，就能越早面对客户的真实需求，从而越早把客户服务做好，这才是真正重要的。

从1994年国务院颁发商品房管理条例至今，中国家装行业已走过近30年的发展历程，随着国民经济从增量经济转向存量经济，整个家装行业的经营数据也随之走低，尤其是疫情这三年，大部分装企的业务增长放缓，甚至下滑。市场的变化以及疫情的影响给装企上了深刻的一课，这其实是一次自我审视、自我反省的机会。

一、向"以客户为中心"转型，真正为客户创造价值

中国装企原先主要是靠市场红利，赶上了改革开放带来的行业高增长，客户流量井喷式涌现，而优秀的装修公司又少，所以很容易就能签单。这也导致了业内很多人缺少敬畏之心，太傲慢、太自我，哄骗客户签单，在交付环

节应付了事,漠视消费者利益。

三年疫情后,家装行业发展的环境变了。首先,疫情之后,客户到店后的决策行为越来越谨慎。有些以前成交能力强的装企,如果在客户口碑建设上做得不够好,就无法再获得好成绩。

其次,深受数字化生活方式洗礼的80后和90后成为新的消费主力,他们很擅长上网搜集装修信息,对专业的理解也达到相当的高度,习惯直奔主题,做选择更果断,往往只给装企一次机会。

最后,技术变革驱动家装产业链加速整合。整装的发展带来的不仅是渠道变革,也会吸引更多来自不同维度的新竞争者进入这一领域,如欧派家居、贝壳、字节跳动、阿里巴巴等,很多装企面临是否被整合的抉择。

时代真的变了,但最大的风险不在于变化本身,而在于仍然沿用以前的逻辑办事。 如不少从业者懒于了解客户,还在沿用接洽60后和70后客户的方式与现在这批消费主力打交道。包括星杰在内,目前许多装企的管理层依旧更关注订单和成交等具体事务,这导致企业为客户服务时,在执行标准、服务意识、职业素养和解决速度等方面不够用心。

这个时代已经走向了"真实时代",有缺点不可怕,有问题也不可怕,最重要的是企业要真实。在客户面前,真的假不了,假的真不了。家装从业者不要试图逃避或掩盖问题,而是要真实地把自己和公司呈现在客户面前。我们越早面对自身的问题,就能越早面对客户的真实需求,从而越早把客户服务做好,这才是真正重要的。

正所谓"惶者生存",面对复杂而严峻的形势,装企要想生存下来,能走的道路唯有一条,就是向"以客户为中心"转型,真正为客户创造价值,才能在这个竞争日益激烈的行业中生存下来。

二、服务第一,业绩第二,利他才是真正的利己

对装企而言,为客户服务的过程比业绩更重要。有的管理人员总是对

业绩关心得太多,替客户想得太少,为客户解决问题时不够周到。因为他们没有真正把关注焦点放在客户需求上,没有真正站在客户的角度考虑问题,他们不够爱客户,更不够爱这个行业,所以看不到家装行业那些本质的痛点。

要想让客户感受到你的用心,就要关注客户的长期利益,不能仅仅关心签单,更要有后续的优质服务,和客户建立密切的联系。重"结果"、轻"过程"的实质就是轻视客户服务。这正是装企的服务时常让客户不满意,或者说业务压力巨大的症结所在。

如果你的眼睛只盯着客户的预算,客户的眼睛也是雪亮的,他们能迅速发现你的员工是否真心实意为他们服务。在这种情况下,你纵有千般专业说辞,也打动不了客户。因为你在起心动念的阶段就已经错了,错在从私欲出发。

客户想要一个懂他们、了解他们、能给予他们专业服务的人,所以有时不妨换位思考,如果我们是消费者,会不会选择自己?我们应该经常审视自己传递的服务是否是客户所需要的,是否真的能替客户解决问题。然后我们在这个基础上去思考,怎样为客户多考虑一些,把工作做得更好一些。

虽然在这个过程中,我们企业的效益有时会受到一定程度的影响,但这是值得的。因为"利他才是真正的利己",一个装企只有向着价格更优、质量更好、效率更高的方向,把工作做得更深入,给予客户更多利益,客户才更有可能选择它,否则必然被边缘化。

提高客户满意度是没有捷径可走的。我们一定要把客户关心的事当作我们关心的事情,而且用团队运营去解决。这是价值准则,人人有责。在具体的执行层面,装企要通过规章制度、规则体系、价值理念,以及整个管理体系和基础设施的建设,引导员工把焦点放到服务客户上,让他们通过做好客户服务得到表彰,获得晋升,提高收入,改善生活。

这样一来,从业者就会为做好客户服务而心生自豪感,这将促使他们不断深化工作,自驱地提升服务能力,进而为客户创造更大的价值。届时,业务压力自然迎刃而解。而企业自身也会因此得到升华,成为一家真正对客户有贡献、对员工有意义的企业。

三、家装服务依赖于人和组织,存在规模边界

从行业的发展周期来看,我认为家装是一个有规模边界的行业,不能无限制地扩充规模。规模经济是建立在客户价值创造和运营管理能力的综合提升上的,家装不是一个可以简单做裂变、做迭代、做复制的行业,因为家装的产品是服务,需求是个性化的,服务周期又很长,消费者过程参与很多,服务品质依赖于人、依赖于组织。

数字化的发展及产业工人的普及会驱动行业变革,但这个进化是渐进式的,以10年、20年为周期来定论,很难在短期内颠覆现有产品和模式。家装本质上还是服务业,要关注核心价值。从上海市场看,城市有2000多万人口,800万套房子,按照30年重新装修一次,每年就有20多万套的需求,所以这是一个确定性的产业,你只要将客户的事情做好,就不用担心没有生意。

我们认为,装企的管理有两个比较重要的指标,即客户的净推荐率和满意度。客户对你的满意度高、客诉少,加上你的业务能力不错,这样公司扩大规模不成问题,可以持续发展。但实际上,企业有企业的属性,业务有业务的属性,不是外面随便招聘一个人进来就可以用,更需要从业务中将团队裂变出来。然后还需要有客户满意度,在这个框架下扩大规模,才是相对有效的。

家装始终是一个以人为中心的行业,不可能被任何一家公司垄断,也不可能被大规模集中,会有局部集中或部分集中。未来,家装行业应该会是百花齐放的行业,不同规模的公司可以同时存在,小型的公司在市场上也能拥

有一席之地。不同的是,小公司用心做口碑,中型公司用心做定位、做专业,规模化公司做品牌、做管理。

四、星杰不刻意追求规模,聚焦长期价值

增量时代更有利于企业的规模化发展,但在存量时代,从高端私宅定制这个领域来说,已经很难培养出十亿级的公司,机会越来越少,而且准入门槛高,需要专业技术人才储备和企业精细化管理,这些并不是单纯靠资金就能解决,需要慢慢去积累,没有捷径可走。

星杰虽然有规模,但不刻意追求规模。立足长期发展,星杰所追求的是在江浙沪家装行业中带给客户一种稳健、扎实、管理体系完善、市场口碑稳定的品牌形象。

一方面,星杰过去23年一直沉淀在江浙沪市场,始终专注于高端家居服务领域,在这个区域已经形成了一定的领先优势。如在星杰工作的大部分设计师,工作经验少则3~5年,多则10余年,从人员到项目交付,我们沉淀了很多,也领先行业很多。未来我们希望在核心能力方面做得更深、更专业,为客户想得更多,如把供应链分拆到每个设计师,甚至一个供应商可以只服务一个设计师,这会让客户满意、设计师满意,企业也满意。

另一方面,星杰独创的海派精工体系,通过数字化建设的不断赋能,所有项目的过程管理、质量管理和成本管理全部由总部负责,实现在线化运营,分公司只负责过程检查,这是星杰的基础管理。在此基础上,星杰每年会做工艺研发提升。这个过程很重,但是星杰是从轻做到"重"的,虽然成本很高,但是这种模式对提升用户体验、保证项目交付极其有效,也更有助于建设星杰的口碑。

另外,今年公司在组织层面也提出了更高的要求,对所有业务公司设置了强制性的边界要求,50个客户是规模的上限,只有这样才能保证客户的

第一篇　客户价值是原点

满意度。做管理的要抓关键指标,关键指标清楚了,分公司在边界之内的运营能力就会得到提升。

总之,我们不急于一两年,也不急于一定要现在就做到很好,而是以5年为一个时间段,基于过去积累的优势,思考如何在新形势下既能让客户满意,又能让企业健康成长,成为一家客户满意度、运营效率都很高的企业。

以客户价值为中心回归商业本质

贝壳副总裁、圣都创始人　颜伟阳

"浪潮中的长期主义,难而正确的家装之路",我用这句话总结圣都的"二十岁"。这条路上,圣都做对了两件事。

圣都创办于 2002 年,回顾过去 20 年,有过两次重要转型。

第一次是 2011 年,那个时候在长三角、在杭州,圣都都只是一家小公司,同样在做半包,没什么优势。当时,我看到整装能够解决消费者一站式装修的问题,对于市场、企业来说都是一个大方向,便决定向整装转型,对外推整装,对内调整组织体系,明确晋升、薪酬、文化等体系,让内部力量与外部决策形成一股合力。转型开始的头两年公司内外部也出现了不少问题,比如半数人离职、投诉率飙升等,但经过阵痛期,2013 年后圣都规模快速增长,五年增长 25 倍,转型成功了。

第二次是 2019 年,我意识到家装行业存在很多问题,行业都在低水平的竞争上盘旋,消费者对装企并没有一个品牌印象。深入思考这个问题后,我当时就想:要重塑家装行业。我认为 2019 年之前圣都是围绕营销驱动的方式去增长,这是"术"的层面;而 2019 年后,回归客户价值其实是"道"的层

第一篇　客户价值是原点

面,是一种良性的商业循环。这次转型后,圣都连续两年成为全国整装销售额第一品牌,转型是成功的。

截至 2022 年底,圣都家装已经在全国布局了 155 家门店。此外,圣都家装已有上万名认证的自有工人,自有 4000 余名资深设计师,还拥有独立的线上运营管理系统。

"浪潮中的长期主义,难而正确的家装之路",我用这句话总结圣都的"二十岁"。这条路上,圣都做对了两件事。

一、坚守客户价值,重建客户信任

我一直认为,装企的核心点不是有多少流量、有多少客户,这都不是重点,重点是我们如何打造核心的能力,就是优质供给。家装过程中往往会出现各种问题,包括不透明、延期、交付质量不合格,等等,但行业的低频属性和单次博弈,让口碑的建立需要经历更长的无回报期。因此很多企业不愿意去解决,也不愿意去优化消费者的体验。

结果,家装行业成了信任缺失的行业,用户满意度很低,装企获客成本很高,需要花费大量的时间、人力去取得客户信任,因此导致效率偏低,规模难以扩大。追本溯源,我们所要做的,就是重建客户信任。

为进一步提升工程品质,圣都在 2022 年发起了"鲁班行动",针对传统的工程管理进行升级,由品质部、工程部、经营部三部门联合进行施工自查,目前正在多个区域试点运行。鲁班行动要解决的是"单一部门巡检容易,闭环难"的问题,通过明确的规则与指标,分权分责,让巡检真正落地,真查、真改、真闭环,最终提升施工品质。

同年又新发布了红黄线制度,就是"职业道德规范＋合规管理＋违规治理",用更明确的条例、规则规范行为,从而形成对违规行为说"不"的良好生态。其中分两类明确界定违规行为:第一类,是针对企业员工的私飞单、抢单撬单、泄露信息、弄虚作假、收受贿赂、私下收费、拖欠工资、主材代购等违规行为；第二类，是面对消费者的不当承诺、恶意增项、风险方案、虚假宣传、与客争执、违禁施工、偷工减料、收受礼品等违规行为。

贝壳研究院《2022年家装消费趋势调查报告》显示，仍有超过一半的家装消费家庭遇到售后问题。为完善服务的"最后一公里"，圣都从2019年开始，就针对客户十大痛点公开推出"十怕十诺"，包含"0增项，恶意增项可投诉至老颜直达号""20项工程不达标砸无赦""2小时回应，48小时达成方案""客户的评价决定员工的收入"等十大承诺。

我们所做的一切努力都是为了客户，家装行业是一个重服务的行业，**体验大于效率，体验大于价格，体验大于规模**，让客户能够享受确定性的服务，客户才会信任你。

对于一个大企业来说，我们看过去是长期主义，看未来是如何坚持把价值观落地。只要走正道，志同道合的人就会自然而然聚在一起，推动整个行业走向正循环，这样对消费者才是最好的。

二、定位品质整装，强化竞争壁垒

家装行业历经30多年的发展，由于产品和服务形态单一，传统家装服务模式已经难以满足消费者个性化的需求。年轻消费群体对家空间的理解逐渐从"实用的居住空间"转变为"生活理念的表达空间"，不仅要颜值高，还要彰显自己的个性，同时他们希望能获得更多家装体验，既要省心便捷、能拎包入住，还要能够"看懂"、有参与感。

首先，面对消费需求的变化，圣都**抓住了**整装服务模式的**本质特征**，不在于所提供装修产品的品类是否齐全，而在于家装要素是否产品化，合同责任主体是否唯一、明确。因此，我们始终将工作的重点放在如何借助更精细的施工、安装，将繁多的流程标准化、产品化，不断优化用户体验。

第一篇　客户价值是原点

其次,圣都坚信装修服务体验大于效率,体验大于价格,不能为了效率、为了低价获客而忽视设计。为满足客户的一站式与个性化需求,同时发挥规模优势,圣都定位为"品质整装专家"。

一方面携手国际设计大师郑仕樑,国内新锐设计师李雪、卜天静,全力打造设计师IP,让名师作品有机会走入千家万户。从港式轻奢到美式田园,从古典中式到现代简约,针对不同用户提供不同的整装产品,做到对设计有要求,对需求有回应,充分满足客户不同风格质感的居家美学需求,用品质与色彩推动家装设计行业多元拓展。

另一方面将整装分为三个模块,即a(标准化家装)+b(个性化家装)+c(家装新零售)的组织模式。通过个性化的产品力与高效可控的组织力的有效融合,圣都已累计为15余万个家庭提供了家装设计服务,并加速在全国重点城市扩张。

再次,圣都已经在数字化领域探索了几年,目前已经基本实现电子合同、节点验收、线上支付、售后评价等全流程数字化。面对疫情带来的冲击,圣都率先开启直播新形式,并借助大数据与云计算,建立专属"用户画像",通过官网、抖音、今日头条、微信、天猫等主要流量阵地精准触达消费者。

为应对后疫情时代的不确定性,装企要打造强有力的供应链,通过资源整合在改造设计、定制化整装、智能化家居产品等消费者买点上强化自身的竞争壁垒。为此,圣都又通过"一心一亿"战略整合各品牌资源,以"为客户提供确定性的品质整装体验"为行动准绳,从客户需求出发,为客户提供一站式、个性化的整装服务,提供更好的家装体验,助力"更美好的居住"。

26年老牌装企的破局思维：
真心对客户好，让客户说了算

业之峰董事长　张钧

客户是我们的贵人。为什么？第一，他选择我们，给了我们一个服务的机会，这是惠泽我们。第二，他指出我们很多问题，即使解决成本高一点，也有助于我们发现很多共性问题，进而进行系统性的改革升级，倒逼自己进步。

作为家装行业的"老炮"，业之峰已经走过了26年。回顾过往历史，业之峰始终专注于家装行业，持续不断地创新，给行业以启发。

1997年业之峰成立，当年就推出专业报价单；2002年开展特许经营；2004年在行业内第一个发起设计收费；2005年创立"完整家居"模式，由单一装修向一站式服务迈进；2008年创立了"峰格汇家居"一站式家居服务平台，使消费者能享受到高性价比的装修服务，这是家装行业的一个里程碑式的创新；2017年"全包圆"问世，针对刚需人群提供一站式装修方案；2019年发布全新的3.0战略，提出"你对美满家庭的向往，就是我们的奋斗目标"，加强与客户的连接，建设新商业文明。

三年前突如其来的疫情，加速了行业的洗牌和变革，传统模式难以为

第一篇 客户价值是原点

继。要想生存下去,装企需要重新回到家装的本质,将客户价值放在首位。

一、真心对客户好,让客户说了算

过去20多年,我对客户投诉的认知,可以说经历了四个阶段:

第一个阶段是2000年前,当时认为客户投诉就是找事,甚至当分公司副总经理说客户难缠时,我心里也有点认同;

第二个阶段,理解客户诉求,觉得客户有投诉很正常,我们尽量去解决,毕竟做了这么多,总得给客户留点有价值的东西;

第三个阶段,如果客户投诉,说明他对业之峰要求更高,我们不应该让他失望,会尽快帮他解决;

第四个阶段,**客户是我们的贵人**。为什么?第一,他选择我们,给了我们一个服务的机会,这是惠泽我们。第二,他指出我们很多问题,即使解决成本高一点,也有助于我们发现很多共性问题,进而进行系统性的改革升级,倒逼自己进步。

通过这种方式,业之峰在"为难自己成就客户"的同时,使得自己更有竞争力。如当初在北京推出水电一口价,过程很艰难。由于水电增项的潜规则被触动,一个季度北京业之峰大概少了一个亿的签单额。但最后还是推动了,现在基本上成熟了。这些建立行业新商业文明的努力,业之峰会坚定地往前推进,义无反顾。

2021年,我了解到我们的客户仍有很多投诉和怨言,触动很大。我要把坑填上,要引领行业进步,真正给客户交付更好的产品。于是从上到下做调整,推出了一系列措施,比如:

(1)**"真心对客户好"客诉先行赔付基金**。在原有快速响应体系上,增加了先行赔付承诺,承担总包责任,承诺若有问题可以得到快速解决。

(2)**一把手充当首席客户体验官**。通过董事长个人公众号,每个签单客户有任何问题都可以找我投诉,我能直接看到客户反馈,然后会亲自率队推动相关问题的解决。此外,我每周还会拿出一个下午的时间,亲自带队抽查全国工地,并要求集团高管和分公司总经理每周也必须如此,确保各项服务和要求落实到位。

(3)"让客户说了算"的考核机制。学习滴滴打车,请客户为员工打分,让薪酬向"对客户更好的员工"倾斜。业之峰体系内所有直接服务客户的岗位,如设计师、店面经理、工程经理、班长、管家等,他们薪资的一部分将来源于客户评价。在每一个装修项目完结两周之后,业之峰集团客户体验与服务中心的坐席专员将通过电话对客户进行满意度回访,请客户对整体交付情况进行评价。

二、全力拥抱整装,转型高质量发展

互联网家装风口过后的几年,家装行业整体不景气,但我们看到了巨大的机会,年轻消费群体对一站式服务、省心省力、拎包入住式的整装需求迫切,于是2017年成立"全包圆"进入整装赛道。

第一篇　客户价值是原点

1. 创新：新业务、新观念、新团队、新流程

做整装新业务，首先观念必须得改变。整装的销售理念，就是像卖汽车一样卖装修。要有标准化思维，传统业务强调的是工艺、材料和施工，整装则从预算和家居风格入手，部品可选，价格确定，一价全包。

整装模式简单，有样板间和内部操作流程，对人的依赖度相对较低，人才结构必须要调整。我们组建新团队的原则就三条：一是总经理必须是产品经理；二是必须重新招人，主要是90后、95后的年轻人；三是要大量地进行校招。这三类人更容易上手。

整装标准化程度高，不同于传统主要依靠设计签单，全包圆都是销售代表签单，确定客户后，流转至设计师，再由设计师完成设计，完善合约，所以我们的销售代表和设计师的数量都是一比一。

2. 务实：在传统业务上嫁接，逐步倒逼转型升级

业之峰在优势城市全都开大店，全包圆不用单独开店，可直接植入现有大店，相当于内部加盟，业绩都统归于当地业之峰门店。这种嫁接模式，相当于塞给传统门店一个新业务，这个业务成长性很好，如第1年一个亿，第2年三个亿，第3年过五个亿，会逐步倒逼和变革传统业务，使之变大变强。这样，传统装修业务主守，全包圆主攻，降低试错成本的同时，也激活了传统业务。

3. 生态：超级新物种大店模式，提升单店效率

家装行业发展到现在经历了三个阶段。第一个阶段是做工程，从开始的"清包工"到后来的"人工辅料"。第二阶段是做服务，有设计，有材料，有工程，看工期能否如期完成，能不能体现设计承诺。2008年业之峰推出的一站式购齐平台——峰格汇家居，就是这一时期的代表性模式。目前，家装行业已经进入第三个阶段，做零售。

超级新物种大店就是"装修新零售"，把硬装、软装、智能化、家电、适老装修等都承载进去，让消费者一站式购齐，省时、省力、省心。

具体到门店,楼层分布是下面全包圆做整装,上面峰格汇做个性化装修,中间做品牌家具。加大全包圆的广告投入,相当于爆品引流产品。有了客流以后,全包圆做不了的中高端客户自然会去上面的个性化装修。这套整装的生态模型,从低到高,覆盖了不同层次家装用户的需求,这就像一个鱼塘,在不同水层养殖不同的鱼种,形成空间化养殖模式,高效利用了资源,大幅提高了产量。

超级新物种大店,通过满足不同层次用户的需求,能大幅提升单店效率。2021年,我们就取得了单个城市过20亿的销售规模,刷新了行业纪录,可见这套模式的价值。

后疫情时代,不确定性持续存在,存量竞争加剧,装企的健康比规模更重要,我们将全面转型高质量发展。重新审视组织架构和盈利能力,降本增效;重构发展的平衡点,即使产值少增甚至不增长,仍然有合理的利润,能健康从容地发展;把原来不令人兴奋的产值,做出令人兴奋的结果,让业之峰从优秀到卓越,能够引领全行业的进步,最终成为受人尊重的企业,乃至成为家装的代名词。

探索以用户为中心的完美交付

德尔未来董事、德尔地面材料产业总裁　姚红鹏

中国经济已经进入下半场,既有挑战,更有机遇。作为经营者,唯有强抓运营、苦练内功、与时俱进、主动变革,才能在逆境中活下来,活得好乃至活得久。

2018年是所有产业的一个分水岭。之前40年,企业发展是靠改革开放的红利,抓住风口,跑马圈地,野蛮生长;2018年以后,大环境不确定性增加,加之新冠肺炎疫情的持续影响,房地产开始下行,家装建材行业进入强运营时代。面对日益激烈的竞争,企业需要找到发展的底层逻辑,思考自己为什么而存在,能给用户提供什么价值。

基于大时代的判断,德尔从2019年开始从上到下重新思考企业何去何从,通过正本清源,将使命升级为"让全天下的客户放心、省心、悦心"。作为材料商,德尔要不停地探索如何以用户为中心进行完美交付,服务好装企,服务好用户,进而打造整装行业第一地板交付品牌,这是我们的初心。

疫情三年,为了提升整装用户交付体验,德尔不断尝试创新,交付模式快速迭代完善,三年连上三个台阶。

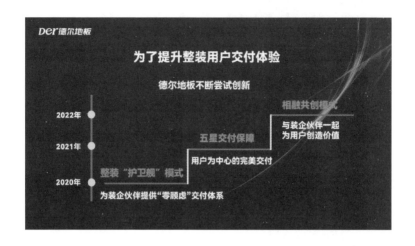

一、我和你(德尔和装企):整装"护卫舰"模式

随着C端客流加速向整装渠道迁移,整装开始成为家装部品重要的销售渠道与流量入口。我们非常看好整装赛道。首先,我们认为整装的方向是正确的,因为它很好地迎合了消费者的需求;其次,整装的发展路径是很顺的,它将一个原本复杂的家装商业模型变得相对可控、透明、容易。道正且路顺,整装成功的概率就很大。

经过两三年的摸索,2020年德尔在传统经销商渠道外,战略性地将家装渠道作为独立的出货渠道,并开创性地提出"护卫舰"模式,为装企伙伴提供"零顾虑"交付保障体系。

在这个模式中,家装公司是"航空母舰",我们是其中一艘"护卫舰"。通过战略变革、设计先行、能力重构,在产品研发、生产制造、落地服务和组织保障等方面为家装公司这艘航母保驾护航,让其发挥最大的价值。

通过总部直连直管的模式,德尔培育了一批专业家装运营服务商,加以数字化后台管理,大大降低了装企和材料商之间的沟通成本,提升运营效率的同时改善了用户体验。目前,全国主要头部装企都已经同德尔达成战略合作。

二、我和他(德尔和用户):五星交付保障体系

消费主权时代的到来,以消费者为中心的存量市场拉开帷幕。企业应敏锐地保持对消费群体的洞察,并提升消费者的品牌体验,从而形成新的竞争力。

2021年,德尔在"护卫舰"模式的基础上推出五星交付保障体系,以用户为中心,通过产品、业务、订单、配送、安装五个方面形成合力,打造完美交付。

(1)产品交付:提供9大系列超60款专供时尚花色,满足装企用户的多元化需求。

(2)业务交付:一支全流程团队提供对口服务,点对点跟进。

(3)订单交付:成立整装精益供应链专项工程团队提供保障。

(4)配送交付:依托总仓—中心仓—"城市综合运营服务商"仓的三仓协同,支持精准交付。

(5)安装交付:行业首创"橙彩"服务平台,在线完整记录交付施工。

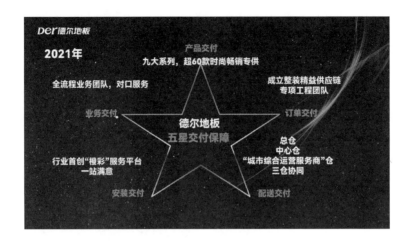

三、我们和他(德尔和装企一同服务用户):相融共创模式

对交付的重视,贯穿了德尔的整装体系。2022年,德尔再次推出相融共创模式,秉持命运共同体理念与装企进行深度合作,通过服务共创、产品共创、活动共创的方式,积极响应用户需求,在存量市场的竞争中抢占先机。

1. 服务共创

高端产品要有一个匹配的高端服务,德尔通过"一城一库一商"+"橙彩"智慧服务,联合装企,把地板安装服务的全过程可视化地展现给消费者。

"一城一库一商"提供的是最后1公里的服务落地保障。"橙彩"智慧服务则是德尔耗时五年研发的数字化系统,通过把地板安装的"盲盒""黑匣子"等动作进行拆解和管理,一端连接装企,一端连接安装服务人员,从订单开始到最终交付,都能用数字化手段管理,责任到人,成功构建从下单、发货、送货、安装、对账、结算全流程可视化、无断点的闭环交付体系。

2. 产品共创

针对特殊家装需求,德尔与家装设计师联合提出针对性的解决方案。2022年,德尔与重庆乐尚装饰就开展了"三联合作",即联合研发、联合设计、联合制造。通过立项调研、花色初选、花色海选、产品打样、产品上样等步骤,最终出炉的产品广获好评,成为用户愿意选、设计师愿意推的好产品。

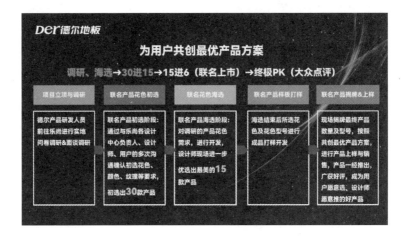

3. 活动共创

重点是联合营销,即联手装企开展定制化营销活动,拓宽流量资源。例如与方林装饰的活动共创,针对德尔地板单独制定活动方案,实现单场销售额超百万。

结语

中国经济已经进入下半场,既有挑战,更有机遇。作为经营者,唯有强抓运营、苦练内功、与时俱进、主动变革,才能在逆境中活下来,活得好乃至活得久。

重塑用户场景,创新社区服务价值

东鹏集团家居事业部总经理　罗勇

社区商业本质上是经营熟人的生意,生存能力最强的是"杂货铺"和服务型业态。因此,要想在社区中存活下去,一定要以用户为根本、以产品为基础、以服务为核心,构建社区商业的圈层生意模式。

过去三十年,家居建材行业从早期的产品简单迭代、复制模仿到后来的技术比拼、设备竞赛、服务升级,市场的竞争越来越激烈。尤其是近两年,家居建材行业整体进入存量时代。由于市场饱和、品牌竞争加剧,家居建材企业普遍面临单品竞争力下滑、客单值降低、客户开发成本高等问题,传统的单品低频的交易模式已经很难支撑企业盈利。

随着三年疫情管控的结束,家居建材行业将在2023年迎来久违的回暖与复苏,进入新的发展周期。首先,融资端陆续出台各项利好政策,这意味着房地产也将再次重回经济发展的主航道;其次,在政府的推动下,全国各地正加快推进城镇老旧小区改造和医疗项目建设,家装市场将出现新的需求;最后,行业经历优胜劣汰后也将进一步集中,优质经销商会选择头部品牌,重新布局市场。

有机遇,自然也有挑战。一方面,部分经销商失血过多,急需恢复元气,可能会大打价格战;另一方面,三年疫情后,人们的消费行为已经发生改变,居家时间增加,活动轨迹更多聚焦在社区及社区周边,而且更加注重安全消费、健康消费和品质消费。

因此,对于家居建材企业来说,要想在新的发展周期中存活下去,就必须顺势而为,紧随用户需求而变,在营销与服务上进行创新,避免陷入恶性竞争。

一、以用户需求为核心,创造价值

随着消费观念的升级和消费环境的改变,家装行业的商业模式也在发生阶段性的变化:从最初的产品售卖到装修、施工等配套服务,再到空间整体解决方案的推出,最后到生活方式以及家文化概念的塑造。

这些变化表明,企业要想实现业务转型与升级,产品服务化和服务产品化是两条基本路径。其中,产品承载了扩大销售通路和渠道、形成品牌效应的功能,而服务则能够在圈层突破、口碑树立和用户链接等方面起到决定性作用。换句话说,产品决定了能否盈利,而服务决定了能否持续盈利。

但底层逻辑是不变的,那就是以用户需求为核心。过去,很多企业容易只站在自身发展的角度,喜欢跟风随大流,经常与消费者的真实需求脱节,这样既不利于行业的良性发展,也很容易让企业陷入经营困境。而在用户视角下,最关心的不是产品或服务的提供方是做什么行业的,而是自己能不能从选择的公司或品牌方这里得到最好的服务,满足自身的需求。

归根结底,商业的本质是为用户价值创造。一个优秀的企业,首先要能为用户创造价值,才能实现其企业价值,这是一个自然的因果关系。企业为用户提供服务、满足需求,用户反过来赋予企业信任与口碑;企业则借此赢得市场,并继续围绕用户需求实现经营模式和业务的创新,获得长久发展,这样就会形成一个良性互动的生态闭环。

二、以社区商业为载体,开辟新赛道

过去,家居建材企业之间的竞争主要集中于大型专业卖场、建材市场、旗舰店、楼盘等,而随着城镇化的深入发展以及由疫情带来的蝴蝶效应,社区商圈开始涌现,并成为新的流量入口。

为什么要把目光转向社区?究其本质,社区是一个多元的生态体,存在持续性的潜在用户和多样化的潜在需求。相关研究表明,社区生态存在这样一个"88定律",即每一个8年楼龄的小区就有8%的翻新装修需求,而居住8年的房屋则会产生明显的重装需求。根据我国目前城市社区的总体分布及人口现状估算:3千米范围内,每年大约有2400户家庭有装修需求,包括重装、翻新、维修等,基本涉及家居装修全产业链的产品与服务。

值得注意的是,我国大部分成熟社区商业丰富多彩,衣、食、住、行、娱、教、医遍地开花,但物业服务范围的限制和服务支持的匮乏,使得庞大的社区住户资源没有被很好地利用起来。随着消费半径的缩小化和消费场景的多元化,家居建材企业可以通过为用户提供高频次的服务带动需求扩展,实现企业和用户之间单次博弈向多次博弈的转变,从而开辟新的赛道。但要想实现长远发展,企业还需要从多个维度布局,看清形势、摸清本质,再结合自身的战略定位与产品体系,打造出一套适应市场发展的商业模式。

三、以"人"为本,打造服务型社区业态

社区商业本质上是经营熟人的生意,生存能力最强的是"杂货铺"和服务型业态。因此,要想在社区中存活下去,一定要以用户为根本、以产品为基础、以服务为核心,构建社区商业的圈层生意模式。

第一篇 客户价值是原点

以东鹏集团为例,在瓷砖业务发展到一定程度后,围绕价值链上的各方(如加盟商、装修工、用户等)构建新的盈利增值点便成为增长突破的关键。基于此,东鹏集团在主材之后,延伸构建了集辅材产品研发、生产、销售、物流、服务为一体的综合性装修辅材集成业务。东鹏集团以社区为切入点,围绕"人、货、场"这三个维度进行销售场景的拓宽和业务模式的全方位升级。

一是用户层面,将产品使用者细分为 C 端消费者和 B 端工匠,针对两个群体制定不同的运营策略。 对 C 端,推出瓷砖包铺贴、包售后等延伸服务,重点打造用户的交付体验,从产品交付到服务交付,全程保障、安心无忧;对 B 端,推出工匠之家、答谢盛典、技能培训大赛等活动与项目,通过对工匠群体的运营,持续增加用户黏性,深度转化。

二是产品层面,在不断拓展和完善瓷砖产品体系之外,增加了高性能瓷砖胶、精工美缝、安全防水三大产品体系,打造专业技术服务及美学升级。 因此,东鹏辅材产品不仅懂瓷砖,更懂瓷砖美学,能够根据场景和用户需求的不同,组合"产品+服务",为家居美好生活提供更多可能。比如,同一系列产品可针对毛坯房、旧房翻新、新房改造等不同使用场景,进行产品性能和专业技术服务的组合,从而更加贴近用户需求。

三是店态层面,除了传统的全品类专卖店,结合社区商业及用户需求,东鹏推出多种形式的小店。 比如,聚焦工匠群体维护、兼顾产品售卖与铺贴服务等功能的工匠之家,大到物资工具补给,小到休憩交流,为师傅们系统性地提供服务与保障;以单品类产品作为主推、围绕用户需求进行精细化经营的美缝小铺,它不仅专注于美缝品类的运营,同时可整合周边与"美"有关的产品及资源,提供美缝、修缝、填缝等服务,最大限度利用店面面积,等等。通过店态的多元化,围绕社区商业高频次、多网点、近距离的特性,创新商业模式,推动社区生态价值链不断延伸。

破局思维：中国整装零售经营管理评论

第一篇　客户价值是原点

重塑用户场景,创新社区服务价值。东鹏一直坚持初心和使命,以用户需求为出发点,不断升级经营思维、优化战略布局,只为把最好的家居生活解决方案带给每一位用户。未来,东鹏愿与行业众伙伴一起,携手共建社区商业,助力生态平台建设,为用户创造品质更高、服务更佳的美好人居生活。

重新定义"住"与"宅",推动住宅产业变革

深圳优舍住研院院长　关永康

以工业设计为底层的住宅架构逻辑,最终实现的是设计模数化、部品模块化、空间标准化、施工装配化,住宅产品就可以千变万化。遵循工业设计的底层逻辑,实现一体化设计,这才是住宅产业化的未来。

过去20多年,中国房地产行业野蛮生长,住宅建筑装配化程度低,加上建筑设计和内装设计是割裂的,所以无论是建造的效率还是消费者的满意度都不高。

精装房是一个趋势,但目前市场渗透率只有40%左右。第一,开发商以成本为导向,精装品质低下,功能严重缩水;第二,现场需要各种定制,成本居高不下,交付遥遥无期;第三,绝大部分地产公司谈及精装时依然停留在"精装＝毛坯＋装修"的概念,因此大部分精装房依然只是"纯创意"样板房。结果就是消费者对精装房满意度低,更愿意买毛坯房自己装修,有的买了精装房也要砸了重新装修。

整装也是一个趋势,对家装公司来说,中国有足够大的存量市场。统计数据显示,过去20年全国商品房销售总面积达232亿平方米,这还不算未

售商品房、回迁房和小产权房,所以装企不用担心被开发商从上游拦截客流。问题是现在的整装很多是"伪整装",没有解决好三个核心问题:有没有精准报价?有没有精准工期?有没有完善的售后服务,出了问题能不能解决?

房子始终是中国人敏感的神经之一,随着"房住不炒"的进一步落地,房子正在从金融属性重新回归使用属性,市场会倒逼开发商投入资金、沉下心来做产品研发。以前是"创意样板房",现在变成了"情景样板房";以前强调视觉冲击力,现在逐渐开始强调生活。随着精细化、标准化逐渐成为共识,住宅的品质将会不断改善。

基于中国庞大的居住需求和人民对美好生活的向往,我们相信整个行业在几年调整后还会迎来新的上升期,中国住宅产业化才刚刚起步。

一、谁对消费者越熟悉,谁就越有设计话语权

在住宅产业化起步阶段,设计不再单纯是住宅产品的技术解决手段,更可以探讨住宅产品背后的终极意义。在中国人的观念中,家是不可替代的,是身体以及心灵的归宿,是生命的寄托。

如何营造一个满意的"家",是每个人心中的梦想。而毛坯房仅仅只是冰冷的建筑,要成为一个"温暖的家",还需要床、柜子、桌子、椅子等家具部品,以及电视、冰箱、洗衣机等家电部品,在这些部品内部还会有餐具、衣物、食物等生活用品。如何将这些看似杂乱无章的物品有机地整合到户型中、建筑中,使之成为一个舒适的家,便是我们研究的课题,也是我们的初衷。

设计师与艺术家的区别,在于设计的目的是解决问题,所有的好设计一定是基于对消费者衣、食、住、行、用和交流需求的满足。其中,住宅设计最重要的是"里",要真正基于人居需求去设计,而这个人居需求是在不停更新的,需要我们不停地深挖,然后让设计保持新鲜感,让产品保持领先。

我认为，没有市场调研就一定没有设计话语权。谁对消费者越熟悉，谁就越有设计话语权。住宅产品设计师要深入消费终端，用眼睛去观察，用相机去记录，然后分析用户痛点，总结发展趋势。这么多年来，我们一直因为地产公司的要求，每年坚持做用户调研，探访用户超过1000户。

当你通过用户调研而针对性、精细化设计的东西在用户使用过程中被突然发现，并使其发出赞叹时，你的品牌就真正树立起来了，产品溢价自然而然就会产生。

二、遵循工业设计的底层逻辑，实现一体化设计

所谓的住宅产业化是把建筑、室内、软装全打通，只有这样才有可能实现工业化的大生产。但中国的建筑是没有模块化标准的，整个链条是被割裂的。室内设计师、工业设计师、建筑设计师都是片段式的，缺乏一个系统把他们完整地串联起来，从而形成产业化的逻辑系统。

建筑、室内、软装没有打通的直接表现就是定制行业的出现，日本住宅产业远比我们成熟，他们是没有定制的。不是因为中国消费者要求奇葩，而是因为我们的房子不规范，尺寸、户型不是标准化和模块化的，差异极大，所以才需要人上门量房专门定制。定制不仅服务费用高，而且容易出错，调整和换新也很麻烦，是家装过程中用户满意度最低的部分。只有采取模块化的方式，才能实现快速精准交付。可以说，中国住宅产业化成功的标志，就是各种定制行业的消失。

产业化不是创造一个新的产业，而是把原来的行业进行有效的链接，关键在于建立跨专业、跨行业的链接方式，从而提升效率，形成一种全新的生产方式，这才是产业化的核心。链接需要标准接口，需要统一"度量衡"，必须重新搭建住宅产业化的整体架构。同时，链接需要模数制定、模数耦合、模数协调的规则。

未来所有的住宅产品一定是从内到外形成"互嵌",比如柜子里面要藏冰箱,室内空间要藏家具,是逐层形成嵌入式,正因为有嵌入,所以需要进行模数协调。模数协调,就是从内到外,确定"互嵌"的尺度依据,满足下一层级嵌入。

以工业设计为底层的住宅架构逻辑,最终实现的是设计模数化、部品模块化、空间标准化、施工装配化,住宅产品就可以千变万化。遵循工业设计的底层逻辑,实现一体化设计,这才是住宅产业化的未来。

三、以人居需求为原点,构建未来理想居住范本

所谓住宅,宅是空间形态,最终目的是"住",住的核心是人,我们的初心是为人的居住需求营造空间,这是住宅最根本的定义。未来的生活,需要根据不同人群的需求去定制,从学生、单身、合租、同居、亲子、宠物到适老,不同消费群体都有自己的"居住画像",不同的人生阶段都应该匹配相对应的居住空间。

设计的发展一直在持续不断地重塑城市和我们的生活,同时,生活方式的进化又对设计不断提出新的需要,推动设计的推陈出新。中国的城市化发展依然在继续,经过多年努力,"精装"已经打好了标准化的基础,未来会在此基础上考虑更多人群、更长的居住时限,以实现更为全面的多元化和个性化。

2022年我们将第六届深圳国际精装住宅展更名为深圳国际住宅展,用去精装的方式回归住宅本身。围绕"重新定义住与宅"这一主题,以人居需求为原点,在展会现场打造"宜居生活空间"与"社交多元社区"融合的未来社区。从建筑形态到居住体验,以"产业化住宅设计架构师"的视角,构建未来理想居住范本。

之所以提出"重新定义住与宅",是在倡导一种设计思维,即在不改变建

筑结构、室内空间的前提下实现即拆即用的多元状态,对未来生活变化带来的空间变化提前预留"接口"。因为房子是用来住的,衡量住宅是否"好"的标准,必须是从居住者的真实感受出发,设计师不能只是单纯地"设计房子",而需要从人的体验、感受、状态出发,这也是我们重新定义"住"与"宅"的必要性。

住宅产业化将是一个长期推进的过程。让更多的中国人住上好房子,为更多社会中下层的消费者提供舒适的、有尊严的生活空间,实现设计平权,这是我们的初心。我们只有每年一步一个脚印地往前走,不断去呈现更具价值、更有技术含量的成果,并对整个行业产生促进作用,才能实现推动住宅产业向前发展的目标。

PART 2

第二篇
整装零售面面观

整装的基本逻辑、演化路径及装企实现规模价值的关键因素

知者研究

整装的本质不是"全",而是"整",指的是整体性、统一性,其服务主体是唯一的,部品风格是一致的,内部组织是一体的。

一、整装的基本逻辑

1. 从组货逻辑到产品逻辑

整装是大势所趋,这已经成为行业共识。但不同装企对整装的理解还是有差异,所以做整装的逻辑也不同,总的来说有两大类。

其一,组货逻辑。装企提供部分或全部材料的采购,设计师根据用户需求从现有的材料中进行选择,形成设计方案。**组货逻辑的最大问题是几乎没有产品研发**,完全依赖设计师水平,通常方案整体性较差,装企运营效率不高,后期材料出现问题时,装企和供应商容易出现相互推诿责任而无人处理的情况,用户体验感不好。

其二,产品逻辑。把材料和相关服务整合成一个产品,由装企全面对接

和响应用户需求,这也是我们所认同的整装。因为整装的本质就是产品化,和SKU(stock keeping unit,最小存货单位)数量没关系,数量的多少只是能力的表现,重要的是责任主体的唯一性,避免出现业务责任不清晰、过程内耗严重、出问题相互推诿等以往装修经常碰到的问题。**产品逻辑的难点在于基于产品研发进行供应链和服务链的整合,如硬装、一体化设计和交付,**大部分装企的整装体验差,关键就卡在这里。

2. 整装的本质:服务主体的唯一性

不同于全包的"一站式购齐",整装的最大特点是家装流程产品化,其销售的产品就是一个"完整的家"。所以**整装的本质不是"全",而是"整"**,指的是整体性、统一性,其服务主体是唯一的,部品风格是一致的,内部组织是一体的。整个装修过程中,如果部品或服务等任何环节出了问题,家装消费者只需要找装企即可。因此,**我们当前将服务主体的唯一性(即服务自营)作为整装与否的判断标准之一**,主要是跟业务责任不清晰、过程内耗严重、出问题相互推诿的装修模式做一个区分。

所以,整装的完整定义是:家装公司根据消费者的家装整体需求将设计、人工、辅材、主材、定制、家具、软装、电器等装修要素产品化,以平方米、单空间或整体空间报价,并负责售前、售中、售后的整体服务,且合同责任主体唯一,最终为用户提供一个完整美好家的整体解决方案。

3. 整装产品化要具备三个能力

整装产品化考验了装企三个方面的能力。

一是硬装家具软装一体化设计,核心是设计研发能力(硬装设计师、家具软装设计师、定制设计师等实现一体化设计)。家装提供的是解决方案,设计是核心,整体性是第一原则,然后是实用性。整装的设计需要前置,整体性通过风格的统一来实现,实用性通过功能的模块化搭配来实现,最终保证效果配套、功能协调、体验一致。

二是墙顶地柜一体化实现,核心是供应链整合能力。所有部品中,定制是变化最大的一块,因为房屋户型和面积不同,用户收纳需求也不同,定制的品质以及定制跟其他部品的协调会直接影响整装产品的最终呈现。

三是一体化交付和质保,核心是交付组织能力。整体设计方案的落地最终要依赖工人来实现,产品化整装的落地需要做到标准化和个性化的平衡,可通过工艺标准化、施工个性化来解决。因为房屋结构和用户居住需求是存在较大差异的,所以家装施工不同于手机、汽车等高度标准化产品的生产,落地需要保证一定的灵活度。

4. 整装的价值:内部效率和客户体验的提升

基于一个服务主体和产品化输出,整装会带来客户体验的改善和内部效率的提升,所以整装成为行业趋势。

(1)对外客户价值:体验的改善。

首先,在家装解决方案的呈现上,整装较传统组货模式更具有整体性,尤其是主题色的统一,如木门、定制柜、踢脚线、成品家具、灯饰、挂画等整体风格一致,能提升产品颜值和整体质感,不能是元素的堆砌。

其次,整装从硬装套餐逐步向软装、家具、家电品类扩展,一站式购齐的特点让用户更加省心省力,解决方案日趋产品化。

再次,整装的发展使得装企渠道成为部品出货的重要渠道,装企渠道的规模集采是没有中间商的,少了传统渠道商的层层加价,所以能让用户以零售渠道一半甚至 1/3 的价格享受到同样品质的部品,而且是集成设计、配送、安装和售后服务的。

(2) 对内企业价值:效率的提升。

首先,设计师签单效率会提升。**整装的产品化特点越显著,其带给客户的确定性就越高,设计师签单就越快。**将供应链的产品和全流程的服务标准化、模块化,打包成产品,实现像卖车一样卖装修解决方案,用户只需要选择所需配置即可。

其次,整装的发展会加速行业的洗牌,行业整体效率会提升。因为用户个性化需求多了,对设计人员的专业性要求高了;部品 SKU 数量增加了,供应链管理的复杂度也会成倍增加;施工周期会延长一两个月,作业人员也会增加,对信息化管理的要求就更高。有追求的装企在这个过程中有机会看清自身的优劣势,会想方设法降本增效、扬长避短、提升生存能力,行业的整体效率会提升。

二、整装的演化路径

1. 整装 1.0:硬装标准化基本跑通

从 2015 年开始的互联网家装,带动硬装标准化发展,到 2019 年基本跑通,主要是前端产品设计、场景体验和销售转化跑通了,也有了规模复制的基础,但后端交付大多是非标的施工发包模式,交付品质没有显著改善。

爱空间是家装标准化的先行者,从 2014 年开始花了很大力气打造标准化体系,其"滴滴式派单,流水线作业,系统自动结算"的施工管理系统领先于行业,但也走了一些弯路:如产业工人体系从自有工人向直管工人调整,因为自有工人模式负担太重,养不起;又如标准化套餐选择有限,难以满足一线城市客户的个性化需求,后来进行战略收缩并多次升级供应链体系。

2. 整装 2.0:硬装＋家具或硬装＋定制

这个阶段,整装的组货逻辑更为明显,主要是主材的升级、个性化设计的选配以及个别单品的零售。但因为装企在整体设计及供应链整合方面的不足,**即便是硬装已经做得比较好的头部装企,在定制及家具产品的个性化上也难以满足用户需求。**

欧派基于品牌、设计、供应链、柔性智造等优势,于2018年成立整装大家居事业部,针对装企渠道提供以定制家居为核心的整装产品供应链(主材、辅材、家具、软装等),着力推进定制和硬装的一体化设计,四年时间欧派整装大家居营收达到30亿规模。但很多时候装企一站式服务能力不足,定制和家装的协同也不好,欧派的优势没有真正发挥出来。

3. 整装 3.0:硬装＋定制＋零售＜个性化整装设计 80％落地

当前家装开始进入存量时代,获客成本居高不下,为留住来之不易的客户,装企不得不在标准化基础上增加个性化选项。如爱空间针对不同的用户画像,推出以12种不同生活方式为主题的一站式整装产品,在北京、上海等一线城市较受欢迎。这种基于生活方式的整装逻辑,是从用户价值出发的,对用户的理解更深,当然对设计师的能力要求很高。而且如果没有完整的前后打通的数字化系统以及强大的供应链支持,就只能通过高溢价实现。

此阶段最大的不同是个性化整装设计和落地能力的提升,整装作为产品的完整性大幅提升,家装解决方案开始"看得见且摸得着"了,材料和服务价格越来越透明,结果和预算也更加确定。发展到这个阶段,用户心里也有了底,整个行业的转化效率就会提升。

4. 整装 4.0:硬装＋定制＋零售＝个性化整装设计 100％落地

这是一种理想模型,前提是有规模和体量,营收应该在100亿元以上。这个阶段,装修用户对整装公司(平台)的认知度会大于各大材料部品品牌和家具厂商品牌,需求端对上游生产端实现反向定制,同时,也就从根本上改变了装修行业由单次博弈到多次博弈的底层问题。

整装发展到这个阶段,是将整装套餐的模块化整合更进一步,形成相对标准化的产品输出,同时满足用户的个性化需求。真正实现整装产品化、一站式、一口价,可以像买车一样买家装。如九根藤的产品化整装已经初具雏形,能在保证工艺标准化的基础上,在"0增项"的前提下提出"20大项不限",其中最典型的是不限水电点位,定制也是卧室窗户相对的那面墙不限面积、柜体可到顶,按需设计,满足用户个性化、功能性需求。

知者研究认为产品化的整装具有以下特征。

(1)商品形态:是服务,更是标准材料与工艺相结合的有形产品。

(2)用户类型:对价格与品质均衡要求的经济型客户。

(3)呈现效果:完工效果与设计效果近似1∶1,所见即所得。

(4)定价方式:快速报价,预算透明,设定项目只减不增。

(5)交付品质:规模化施工,规模化交付,品质良好稳定。

(6)运营效率:变动费用低,运营高效。

(7)用户感知:省心、划算、好看、实用。

三、装企规模价值的进化及关键要素

随着整装的不断演化,头部装企加速转型,在设法降本增效的同时更加关注用户的体验,产品和服务在迭代优化,产业资源也不断向头部聚集,过去限制行业发展的规模瓶颈逐渐松动。

1. 装企规模价值的进化三阶段论

知者研究认为,装企规模价值的进化大致要经过以下三个阶段。

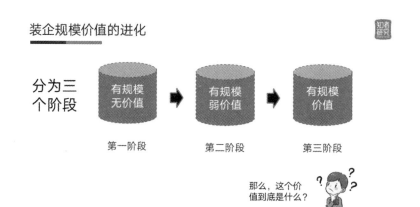

装企规模价值的进化

分为三个阶段：有规模无价值 → 有规模弱价值 → 有规模价值

第一阶段　第二阶段　第三阶段

那么，这个价值到底是什么？

（1）第一阶段：有规模无价值。

装企运营可分为获客、签单、交付和售后四个环节，其中，获客到签单是小闭环，交付到售后是大闭环。

第一阶段的特点是**只做营销小闭环，不做交付大闭环**，属于营销驱动型的家装公司。前期市场门槛低，有钱就盲目扩张，后期交付跟不上，客户体验差，网上全是负面评价。这种情况下，装企的现金流很容易出问题，甚至会为了现金流而扩张，增加店面或增加城市。例如2015年出现互联网家装的"假风口"时，很多装企借助资本力量在多个城市盲目扩张，但两年后，资本见无利可图便纷纷退出，装企现金流吃紧，轻则关店收缩，重则倒闭跑路。

（2）第二阶段：有规模弱价值。

第二阶段的特点是**做营销小闭环的同时，交付大闭环没断环，能交付出去**。很多区域头部装企就是这种情况，扎根当地多年，知名度高，获客相对稳定，交付也过得去，也有一定比例的回单，市场环境好时，经营相对稳健。但一向外扩张，供应链、交付、管理等如果跟不上，新的门店一直亏损，无法造血，会影响公司整体的现金流，甚至整个公司都可能被拖垮。

（3）第三阶段：有规模价值。

第三个阶段的特点是**营销小闭环和交付大闭环都闭环了，形成了正循环**。这是当前头部装企追求的方向，通过产品标准化、服务标准化和交付标准化,以及流程数字化管控,加强交付品控和用户运营,保持较高的回单率。此阶段的装企已经突破了规模天花板的束缚,打破了规模不经济的边界,有了扩张的势能。

如今,很多规模装企都是有规模无价值或有规模弱价值。一直在第一阶段的头部装企,这几年也基本被淘汰了,剩下的进入第二阶段;有的头部装企初心正,一开始就从第二阶段往第三阶段进化。处在第三阶段的装企有吗? 方林和爱空间在一定程度上算是此类代表。

2. 口碑回单率是装企实现规模价值的关键

在疫情后的存量时代,市场变革倒逼企业去做口碑,以此来降低获客成本。另外,家装行业的规模化发展也需要装企形成口碑正循环。

如何判断装企的规模价值,我们提出一个公式:$S = K \times N / (R1 \times R2)$。其中,S 代表装企的规模价值,K 代表均客单价,N 代表用户数量,R1 表示付费营销成本,R2 是口碑回单成本。

装企的规模价值公式

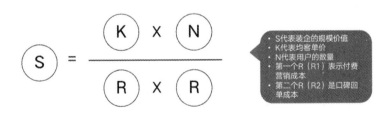

存量时代,用户数量 N 很难增长,客单价 K 虽有所增长,但代价通常是付费营销成本 R1 快速增加,有时营收都无法覆盖营销费用。如重庆某新兴的家装公司开了 2 万平方米的大店,618 活动按预计营收三四千万,便投放了 250 万广告费用,公司 400 人,200 个设计师,但实际签单只有 1000 万元左右,算上店租、人员工资和装修分摊等,如果后续活动再不给力,窟窿会越来越大。

这种情况下,口碑回单成本 R2 就成了关键。口碑回单率越高,R2 就越小,装企规模价值 S 就越大,也就是形成了口碑正循环,装企才能在存量市场实现可持续发展。

3. 决定口碑回单率的两个关键因素:客户价值和运营效率

规模价值体现在口碑回单率

口碑回单率由两个因素决定

规模交付的稳定性

01	产业工人
02	施工标准化
03	协同信息化

对用户全生命周期的运营能力

01	拉新拓客
02	提高转化率
03	增强用户黏性
04	提高回单率

(1)关键因素一:客户价值。

这里的客户价值指规模交付的稳定性。

过去行业粗放发展时,营销是家装第一生产力,只要装企在交付环节做得不太差就能过得不错,因为大家水平都差不多。那时只做口碑也是有风险的,要在消费者的心智中种下这个认知就更难了,毕竟家装周期长、环节多,其中一个没做好就会影响用户口碑。而且,大量经过培训的产业工人队伍和装企口碑的积累都是需要时间的,稳定交付的能力是慢慢培养出来的。

所以,短期内营销还是第一生产力,口碑是第二生产力,但不能把口碑当成营销的工具,比如刷好评的行为有可能适得其反,会透支企业信用。尤其三年疫情下来,单纯做营销、忽视口碑积累的装企,利润被大幅压缩甚至为负,因为获客成本越来越高。行业信息更加透明,负面消息传播得更快,加上这两年消费者手头也不宽裕,花钱就更加谨慎,**口碑逐渐成为装企的第一生产力,也是持续生产力。**

对规模装企来讲,规模化的稳定交付才能获得用户的信任,背后其实是企业组织、管理和内控体系的逐渐成熟,也是产品、体验和交付的日趋稳定。

而稳定交付的实现要解决三个方面的问题。

①产业工人。

为什么这么多装企老板呼唤产业工人？因为中国99%的装企工程的管理模式是发包，且有淡旺季。如果养自有工人，企业负担太重，工人也吃不饱。

产业工人的好处有两个：**一是专注施工**，多劳多得，施工质量相对有保障，因为做不好拿到的钱就少，且后续分的活也少；**二是灵活就业**，工人不用一直耗在公司，装企的负担也轻。传统模式中工人靠自律、不稳定、企业负担重的问题会大大缓解，用户满意度也会提升。

当前，施工工人短缺甚至断层现象日益明显，尤其是泥工、油工等工种，人员老化倾向严重，在施工工艺和施工工具创新几无进展的情况下，施工技能和标准退化，将成为行业可持续发展的重要阻碍。目前来看，只有合格的产业工人足够多，家装行业的施工交付水平才会明显提升。

②施工标准化。

大部分的工人和项目经理并没有经过装企严格的培训就上岗，导致施工工艺标准参差不齐，工程质量难以把控。

标准化落地的问题主要通过两种方式解决：**其一，加强培训**，保证工人有标准化的能力；**其二，严格验收**，保证工人按标准作业。此外，还是要提升工人待遇，让好的工人能接到更多活，赚更多钱，形成正向激励，施工的标准化问题才能得到真正改善。

③协同信息化。

限制装企规模化发展的一大关键在于，如何并行管理成百上千个工地，保障每个工地都能平稳、有序地开展工作，这就需要一个SAAS化的、以每个工地为最小协作单元的项目管理系统提供支持。

(2) 关键因素二：运营效率。

这里的运营效率指对用户全生命周期的运营能力。

有口碑不代表会转介绍，还要看装企的用户运营效率，就是从用户获取、促活、转化和召回的全生命周期进行深度运营。家装行业里常见的岗位有家装顾问、活动策划、社群运营、在线客服等，究其根本，**所有跟用户服务相关的岗位，都属于用户运营**，因为目标都是给用户提供满意的服务体验。

过去家装行业的服务是按岗位分段的，经常会导致用户体验的损耗，尤其是不同岗位之间衔接时，信息不完整、不一致，信息断层、衔接不通畅等，导致用户的装修体验出现过山车式的忽高忽低。

对于装企来讲，用户运营的核心目的，主要集中在以下几方面。

①**拉新拓客**。通过对渠道的深度挖掘，获取更多新用户，即"开源"。

②**提高转化率**。从线索—预约—上门—订单—合同签约，每个环节都会有损耗，也就是我们常说的"转化率"，怎样通过有效优化各个环节来提升转化率、降低损耗率，这是摆在每个装企面前的一个课题。

③**增强用户黏性**。通过整装产品的入口，提升用户的搭载销售占比，比如销售完硬装之后，再搭载销售定制品、家具软装产品，乃至家电产品。

④**提高回单率**。怎样通过用户的口碑传播，带来更多的新用户。

总之，若客户价值和运营效率这两个因素都能不断优化，装企的口碑回单成本 $R2$ 就会下降，在均客单价 K、客户数量 N 和付费营销成本 $R1$ 不变的情况下，装企规模价值 S 就会增加，不少头部装企的窘迫状况就能有所缓解，逐步从有规模弱价值发展为有规模价值，才能在行业新一轮洗牌中抓住机会，突破规模不经济的瓶颈。

整装思维,家装人的必修课

积木家董事长　尚海洋

"3"是指整装的三大原则:整装一定得满足用户的家庭需求、房屋情况、预算情况。"4"是指整装的四大结果:好看、好用、省心、划算。

近两年消费端其实一直在倒逼整装趋势发展。随着当下消费水平的改变,业主越来越需要专业水平更高、装修体验更好的一站式配齐的家装服务。但经过实际经营会发现,建立完善且成熟的整装体系并不容易。

因为装修行业的特殊性,客单价高,复购率低,特别是专业性比较强,在市场快速增长时,装企天然地倾向前期营销驱动,后期应付了事,装修便成了一锤子买卖,装企和用户的联系只能维系到装修结束。久而久之,用户在和装企接触时总是带着警惕,担心材料坑钱,施工坑房,售后坑人,对于全屋整装更是充满了不信任。于是,用户变得越来越专业,要求也越来越高,整装生意就不好做了,所以这种一锤子买卖最终砸掉的肯定是行业的招牌和自己的饭碗。

大家想改变但不知道怎样改变,整装业务日益下滑,再加上行业门槛低和竞争加剧,不少企业的整装思维没有跟上业主对整装的需求,还是以硬装或零售的思维制定策略,这使得用户对行业的信任度进一步下降,形成恶性循环。

所以在当前严峻的环境中,企业需要把整装业务单独拉出来,当成一门功课来做,而不是连带整装那么简单。这里我想到了积木家一路走来的 7 年,针对整装项目,我们总结了一套"3+4"体系,在这里和大家分享。

一、整装的三大原则

"3"是指整装的三大原则:整装一定得满足用户的家庭需求、房屋情况、**预算情况**。积木家花了大量的时间、精力研究用户的家庭需求和房屋情况。不同的家庭结构有不同的功能需求,不同的房屋情况有不同的装修设计。比如说,二人世界和三口之家对于装修的功能选择是完全不同的,低楼层和高楼层对于设计风格的选择也是不一样的。充分了解业主的家庭需求和房屋情况后,配合业主的预算情况,才能为业主做出最适合的设计和风格,这是获得整装好口碑的第一步。

二、整装的四大结果

"4"是指整装的四大结果:好看、好用、省心、划算。这是积木家的装修家规。非常简单的八个字,我却坚持了快 8 年。因为善名难立,恶名易得。只有不断为用户提供优质的装修体验,才能不断获得市场的青睐。

1. 好看是用户体验的基础

目前市面上没有装企会说自己的装修效果不好看。

但积木家的理念是,装修效果能真正实现 100% 落地才是真好看。我们拒绝设计和施工"两张皮",真正做到所见即所得。积木家采集业主的房屋因素和家庭因素后,才会根据具体信息匹配最适合业主的装修风格。更

第二篇　整装零售面面观

重要的是,近些年积木家一直在使用"先试装,再实装"的装修策略,确保用户提前看到落地效果,并且保证优化到满意为止。

2. 好用是用户体验的核心

对于装修行业来说,房屋最终是要给人住的。以人为本的装修理念就是满足每一个居住者的功能需求。能在有限的空间中,用无限的创意去实现每一个居住者的功能需求,让每一个人都住得舒服,才是真正的好用。

积木家从成立之始,就提出了装修功能细分表,研究该如何满足不同的家庭成员对于房屋装修的个性化需求。

在考察了家庭情况和房屋情况之后,针对性配置房屋功能。一方面需要满足入住后的短期功能,提高拎包入住后的幸福感和舒适度,比如:女主人的梳妆区,男主人的工作区,夫妻二人的休闲区,都要提前设计好。另一方面还要满足未来5~10年的长期功能,保证承接长期居住的需求变化,比如:有了孩子就得顾及他的活动及收纳,和老人一起住的话还得顾及老人的养老及休息。功能好用超预期,用户体验好,自然能获得好口碑。

3. 省心是用户体验的过程

装修过程真正让用户省心,也是整装项目的关键点。对用户来说,装修过程中无非有几个麻烦点,包括材料品质、施工工艺、售后处理等,积木家对此是逐一攻破的。

积木家的前身是我要装修网,当时的材料市场鱼龙混杂,用户往往需要花费更多的心力和财力去选择材料。我们便提出"让业主便宜方便放心地买材料"的要求,通过团购的形式帮业主用更低的价格买到更好的建材产品。加上"100定金预定优惠、三个月不满意随时退订、买贵倒赔10倍差价"等模式,口碑飞速上升,短短3年就积累了7000多家供应商,年交易规模达到20亿。

但到了2014年,我们发现只解决材料问题用户还是不够省心。设计问题、施工问题都在消耗着用户的精力和财力,于是现在的积木家应运而生,我们将设计、材料、施工、售后整合为一体,真正实现让用户一站式拎包入住。

装修过程全链路的整合需要付出很大的管理成本,但我们发现这种模式下的用户体验直线上升,好体验一定会带来好口碑。

4. 划算是用户体验的结果

划算不是指绝对的便宜,而是指超高的性价比:同样的价位下,能买到最高品质的货品;或者是同样品质的货品,能够以最低的价格买到。好的装修其实不贵,积木家希望做大多数年轻人买得起的好装修!

装企都很头疼的一个问题就是价格,装修虽然毛利高但是经营和营销损耗也不少,高毛利低净利的行业特点导致很难给到用户真正的实惠。如何给到用户真正的性价比,积木家在这里下足了功夫,通过降低经营成本和提高运营效率来解决这个问题。

(1)降低经营成本。

一方面我们坚持小门店大规模的经营模式,即展厅要小,营收规模要大,其他企业要用上万平方米的门店面积才能做到我们的规模。另一方面是减少营销支出,不靠广告靠口碑,通过良好的工地转介绍获取回单。

(2)提高运营效率。

一方面在成立之初,积木家就建立了自己的采购体系、物流体系、仓储体系、销售体系,通过自采自销的模式,直接从材料厂家进货,中心大仓统一配送,没有中间商赚差价,有效降低了材料成本。另一方面通过产业工人的方式,统一培训,统一认证上岗,统一调度派单,效率更高,成本更低。

在降低经营成本和提高运营效率之后,我们也有底气提出整装新的宣传口号:"同城,同价,比配置;同城,同配,比价格。"

其实"3+4"服务理念的核心就是让用户感觉到超预期的装修服务体验,用户不需要做什么,但他在积木家拿到的整装价格明显更低,体验更好,这样自然能赚取好口碑。

第二篇　整装零售面面观

入行 8 年,接触了无数企业和用户之后,我坚信只有坚持提高整装服务质量,获得良好口碑,持有"用户永远是对的,我们永远有不足"的服务理念,才能经得起时间考验和用户检验。

开启整装零售之路

"整装校长"、靓家居董事长　曾育周

家装行业中的消费者认知的发展才是真正推动行业变革的基础。2021年被称为整装元年，消费者对"标准化＋个性化"整装的需求和认知已经开始发生转变，行业裂变的基础已经产生。

家装从清包、半包、互联网标准家装、全包，已经进化到第五代——整装。2021年后，整装已是不可逆的趋势。整装行业目前还没有真正达到品牌化，也就是说通过品牌来吸引客户做选择还很难。

一、从建材超市到整装零售

靓家居创立于2001年，最早是建材超市，到2008年左右，我意识到产品体系已经实现了家装场景的全覆盖，只是缺少施工、设计的串联，于是大胆地在行业中首创推行按平方米计价的整装全包套餐。这一模式刚推出的第一个月，我们就接了三百多个订单，其受欢迎程度完全超出了我们所有人的预想。

虽然在前端获客中大获成功,但是后续的交付服务却让人头疼不已。从零售商大跨步转型成家装整合服务商,其复杂程度同样超乎所有人的想象,最艰难的是说服产业链上下游的供应商们来配合靓家居的工作。为此,靓家居花费了大量的时间和精力,去与每一个品牌厂商进行沟通。凭借建材超市起家的整合运营能力,靓家居顺利跑通了"初代整装"的全流程。

2015年互联网家装风口来临,靓家居推出了388、688、988这种以平方米计价的数字化套餐,凭借经营模式优势,迎来快速发展阶段。当时大家都用"装修数字化"来嘲笑我们。但是几年过去,广东(特别在广州地区)到处都是这种"装修数字化"模式。回头想想,这也是一件蛮有意义的事情。

多年实践帮助我对整装有了更深的理解。家装消费者的基本需求是装修一个家。装修本身包含了产品、设计、施工和保修、保养等不同要素,每一个要素代表着一种消费主张,但每一种主张其实都不是消费者最终想要的结果。从这个维度上来讲,真正的整装必须要有硬装、软装和电器,同时必须以客户为中心,为消费者提供家的整体解决方案。

大家都把整装门槛看得太低,门店像草一样蔓延,但都没有切中消费者痛点,实力也良莠不齐,实际上消费者选择一家整装公司有六大标准:规模、设计、材料、施工、售后、价格。符合这六大标准才是合格的整装公司。这两年,我们首创"532整装标准",进一步深化了整装的内涵。

5大空间:厅、房、厨房、卫生间、阳台。通过空间来配置套餐项目,如客厅里含地砖、天花、背景墙、地脚线、波打线等,卧室包含卧室门、门锁、门吸、卧室单层石膏线、大理石门槛等,让消费者更清楚套餐项目,方便后续根据自身要求进行调整。

3大系统:质量控制系统、安全防护系统、客服维保系统。让消费者最关切的交付质量、安全和售后得到全方位保障。

2大权益:深度设计个性化权益、施工项目个性化权益。家庭成员中人员结构、需求和喜好不一致,就会衍生多元化的需求,靓家居针对此种情况提供2大权益。深度设计个性化权益包含：全屋深度个性化设计，全屋电器智能搭配，720°VR全景虚拟效果，展厅整装全品类产品可充分个性化选择。施工项目个性化权益：针对消费者后续可能自行增加或变更的个性化施工项目，靓家居基于强大的小区网格化施工服务能力，可以快速调度个性化项目对应的产业工人提供服务。

基于"523整装标准"，靓家居针对主流消费群体需求推出了新旧房两大系列6个整装套餐，分别是经典版988元/m^2整装套餐、尊贵版1098元/m^2整装套餐，旗舰版1198元/m^2整装套餐，让复杂的装修变得更加简单，通过整装产品化，让装修像买车一样简单。

二、裂变式稳健扩张的要素

家装行业中的消费者认知的发展才是真正推动行业变革的基础。2021年被称为整装元年，消费者对"标准化＋个性化"整装的需求和认知已经开始发生转变，行业裂变的基础已经产生。

2019年开始，靓家居进行了战略调整，将此前分散在各子公司的产品、设计师等内外资源，全部统一起来重新进行了规划和分配，化零为整，聚焦"整装"。

2021年，靓家居完成了整装生态平台的构建，并实现了规模化复制，进而按下了增长加速键，以华南为中心，构建了一个由超百家购物中心直营大店构成的终端零售连锁网络，同时还在以每周新开一家店的速度稳健扩张。

1. 门店开在购物中心，坚持直营连锁

整装的下一步一定是零售化，靓家居也坚定地沿着零售化路径开拓。消费者一般不会专门跑几十千米去看电影，更不会跑十几千米去吃麦当劳，这就是把店开到购物中心的用意，你能随时看到它。让消费者产生一种心理，附近三千米范围内一定有靓家居的店，去商场吃饭购物时能经常看到靓家居的店,通过高密度的覆盖占领消费者关于装修的品牌盲区。

靓家居以门店为中轴,服务半径5~10千米范围内的业主。这个逻辑与盒马鲜生类似,就是在特定的有效服务范围内为消费者提供极致的产品和服务。这次的战略聚焦对靓家居原来的体系有了升级,在不增加多少额外成本的前提下,让整个围绕"家"的服务更具竞争力,甚至实现三倍的坪效。

靓家居放弃大店模式,一来商场里几千平方米的店不好找,二来面积缩小有利于控制成本,提高坪效。通过不断摸索,门店面积虽小了,单品数量却增加了,空间利用率更高。如横向展示厨房、厕所、阳台等场景,纵向陈列木地板、天花板、电器等,再利用叠层陈列一些智能家居产品等。

另外,靓家居新增门店坚持直营连锁。因为直营能够更好地平衡消费者价值和企业价值,靓家居可以根据目标市场,采用相对灵活的开店策略和更为精准的店面、资源、人力匹配策略,发展步伐就会更稳健。

2. 做好整装供应链大考,必须是全能选手

整装的本质就是整合,整合家装全产业链、贯穿家装全流程服务,将施工与各主材产品供应无缝对接,绝不是简单地搭售产品。

深度合作伙伴以及资源优势决定了供应链的品类优势。整装公司的供应链越强大,意味着建材品类更丰富、品质更好、性价比更高,消费者的体验就越好,企业也能提高客单值,达到双赢。

供应链的高效稳定支撑了整装体系的产品化、规模化运营,如同汽车零部件供应商对整车企业的配套。只有足够的标准化才能真正产品化,产品化才能规模化。目前整装在供应链标准化方面还不够,只有"全能选手"才能应对整装零售的需求。

3. 建立社区、商圈、城市三级网格化服务体系

靓家居从2008年开始,通过近15年的整装实践探索,逐渐找到了走向连锁化和规模化的关键,即建立社区、商圈、城市三级网格化服务体系。

第一级是社区网格化：每个社区都有专属的整装设计师、整装顾问、项目经理，缩短靓家居与客户之间的物理距离。他们熟悉小区情况，让服务更加快捷，交付品质有保障，也能助力靓家居的业务从整装逐步延展到管家服务。

第二级是商圈网格化：根据城市的商圈格局，靓家居基于社区需求规模和门店有效服务半径，从选址、产品配置到人员配置等方面，为网格化社区提供支撑。

第三级是区域网格化：以城市为单位实现织网式覆盖，为商圈网格化提供平台和人力资源支撑。

通过三级网格化服务体系，靓家居在空间和时间维度实现了客户体验和服务效率的高度融合，同时加速了新店的开设，从团队组建到正式开门营业，最快只需要28天。

4. 建立覆盖售前、售中和售后，贯穿获客、设计、施工和服务等装修全流程的在线服务系统

随着新生代消费群体的崛起，消费决策过程的线上化、家装信息获取的线上化带给靓家居最大的启示便是，想要获得未来的整装消费市场，必须要通过服务的线上化来贴近年轻一代的消费群体，并打造一个贯穿获客、转化、交付和售后的在线服务系统，从而实现对目标人群的更多触达、更快响应和更高效服务。

从2014年前后开始，靓家居便组建了相应的数据分析与技术研发团队，同时在营销层面推进线上线下融合。通过长期、持续的数字化基础建设，靓家居构建了一个覆盖售前、售中和售后，贯穿获客、设计、施工和服务等装修全流程的在线服务系统。

面向交付保障：交付调度系统是数字化核心部分，主要包括小区"站长"交付产能配置、订单堆栈运算、实时智能调度、工地打卡、云监理、在线评价、产业工人在线施工指引和技能培训系统，等等。

面向服务过程：从客户体验出发，提供线上小区店铺、工地助手等数字化工具，让售前、售中、售后全程服务在线化，线下场景与线上服务全面打通，深度融合。

5. 与员工、供应商、产业工人、客户共享发展成果的开放平台

靓家居自己不做闭环，做的是开放平台。

做家装最值钱的不是店面，不是产品，而是专业的团队。要以共享的心态，为员工打造合理的激励机制和晋升通道，才能留住员工，为最终的规模化打下人才基础。靓家居采用"员工出力，总部出钱、出模式、出品牌"的方式，共建、共享整装平台，但有两个坚持：一是必须坚持整装模式；二是在施工、售后和质量监督方面，公司有绝对的否决权和干预权。

不光和员工共享，还应同供应商、产业工人、客户共享。与名牌供应商建立分享机制，可以发挥名牌供应链的本地化能力，最大限度地提升靓家居整装产品的竞争力，为消费者带来更好的体验；随着线下门店零售网络的加密与扩大，靓家居将会联动更多产业工人，为消费者提供像快递一样快捷、高效的"网格化"服务体系，引领靓家居向整装新零售平台进阶发展；随着老客户共享机制的日趋成熟，靓家居老客户转介绍新客户的订单占比已增长不少。

三、整装行业发展态势判断

目前的整装仍处于初级阶段，真正要进入整装有三样东西必须过硬。

第一个就是部品厂家打通，因为装修永远离不开设计作中轴。以后的整装发展到一定程度，会形成一个完美的闭环，即从设计开始，形成生态，往前推到洁具、瓷砖这些部品，往后推到成品家私和智能电器，像安卓系统一样，大家能够随时调整各自的商品图。

第二个就是软件赋能下的行业闭环，而不是企业闭环。就是从软件控制到生产端形成一个装配逻辑,未来会形成一个标准化体系,大家都可以共享数据,其实就像是BIM的现场装配,真正实现从设计到装配的所见即所得。为什么现在还不行,因为现在每个企业都是单独的闭环,都有自己的体系、设计软件和消费端。

第三个就是掌握终端,谁掌握了终端谁就掌握了话语权。整装虽然强调场景化,但是掌握终端绝不是大店＋人海战术、利用消费者的认知差赚钱。

整装处在急速分化阶段,以后的市场就会清晰地分成三大类:第一类是各归各位,做部品的就做部品,赋能的就赋能;第二类就是靓家居这样的整装模式,在垂直领域做透,强调专业性,从整装到局装再到维修,类似日本骊住;第三类就是类似宜家这种平台模式。未来整装行业一定像手机行业一样,部品企业就像5G芯片,必不可少,但它一定不是做整机。未来两年这个行业将会发生翻天覆地的变化,重点是根据自身实力,走在正确的赛道上,并努力提速。

从装修到零售：住范儿的模式演变及对行业未来的判断

住范儿创始人及 CEO　刘羡然

零售的本质，应该是一手抓流量垄断，一手抓供应链效率的生意。对于消费者的运营是否做得足够到位？匹配的供应链是不是可以有效率地去做销售和出货？无论是从整装到零售，还是从定制到零售，到最后大家都要回答这个问题，去建立一个体验和效率的平衡。

住范儿创立于 2015 年 10 月，最初是做软装 F2C 垂直电商，之后发现提供的价值太低，于是 2016 年初从身边人的居住需求开始重新设计商业模式，提出用 2000 块钱改造一个出租房，如换灯、换墙面颜色等。在进行出租房轻改造的同时，住范儿将这些案例如实地记录下来，做成帖子，将"工科男改房子系列""2000 块钱让一个卧室焕然一新"等话题发到知乎及其他媒体平台上，用这种方式引来第一批用户的关注。

之后就有越来越多的用户主动找到住范儿，甚至很多用户问能不能改造卫生间。秉持什么不会就学什么，没有人才就招人才的想法，住范儿逐渐将卫生间改造、厨房改造这些硬装部分也做了起来。麻雀虽小，五脏俱全，水电、木工、瓦工等也都熟练了，之后三年住范儿就干一件事——全屋装修。

一、从家装标准化变革到培养私域流量卖产品

做全屋装修的过程中,我们发现这个行业太不标准,所以在坚持标准化的念头和改革行业弊病的初心下,住范儿做了以下三件事。

第一件事是供应链直供。2017年,家装套餐以工程款为主,几百块钱一平方米,其目标客户对品质要求不高。而住范儿从互联网导流的这批粉丝与这类客户不同,一般都是高知群体,对品质要求高,同时想要标准化的服务流程。为服务好这类客户,我们当时赶到广东谈了很多常年做美国、日本出口的外销工厂,他们也想做内销,但是没有好的渠道,于是双方达成合作。通过标准化创新和反向定制,住范儿能为客户提供一些更有颜值和设计感的产品,也提高了毛利。

第二件事是建立信息化系统。这件事对于住范儿来讲不太复杂,从客户关系管理到工地管理再到财务结算管理,可以实现设计师的自动开单,基本上三年全部实现,通过信息化系统将装修业务彻底梳理明白了。

第三件事是招人才。装修行业人才匮乏,住范儿希望销售和设计师的综合素质能与客户形成匹配,于是从包括211学校在内的一本院校招人做销售、做设计,这样跟客户在一个层次上,相互之间容易沟通。

住范儿围绕上述三件事做了三年,取得了显著成果。第一,通过供应链直供模式将毛利率提高到40%以上,结算以后稳定在40%上下;第二,延期率可以控制在5%以内;第三,内部考核增项占合同比重基本能控制在1%以内。

做标准化是为了能够规模复制,在持续巩固供应链、信息化和人才优势的基础上,住范儿分别在2018年进入上海,2019年入驻成都。但结果出乎意料,去了上海能赚钱,用户也满意,但去了成都就不行,颜值套餐、标准服务模式始终无法获得市场认可。

经过行业观察,发现并不是做了信息化、做了供应链直供就能改变这个行业的本质,很多头部装企扩及二三十个城市时往往会发现有一半不行,复制这条路暂时走不通。

于是,住范儿从2019年停止了复制,开始尝试新模式——既然给客户做不了设计和施工服务,那么能不能卖产品呢?住范儿开始将线上的粉丝从公域导流到私域上,从2019年下半年开始,一个月搞三四场活动,在群里面跟客户互动,一个月可以卖到上百万元。

2020年初疫情暴发,导致线下生意无法开展,于是住范儿以小程序商城作为切入点,启动线上家居建材零售,借道私域团购发展成为颇有影响力的垂直电商,2020年用9个月实现1.5亿元的成交额,远超3000万元的预期目标。事实证明,这个生意比预期有更强的爆发力,2021年做到了GMV(gross merchandise volume,商品交易总额)超5亿元,2022年大概能做8亿元的GMV。

二、定位家居建材零售服务商,以大店零售模式做持续性的复制

到2020年年底,住范儿刚好成立满五年,反思过去五年,我们基本上做了三个生意:第一个是全屋装修,做了三个城市;第二个是社区团购,卖家电、家居,算是精品社群公司;第三个是自媒体,有了一些粉丝,也接了一些广告。

那么到2025年甚至再过十年,什么样的生意能够持续做大?什么生意能够持续地对用户和行业产生价值?

首先装修这个生意在现阶段无法做大,也不赚钱,客户也不满意。通过更大范围、更深入的思考,发现这个行业有两个方向可以持续性做大:其一是做制造,制造业是大国竞争的根本,我国制造业正加速转型升级,向产业

链上游攀登,国货品牌开始崛起,技术赋能下制造业的生产效率和产品利润都在改善;其二是做零售,零售是永远的生意,无论是以红星美凯龙、居然之家为代表的中国过往20年的家居零售,还是欧美发达国家各种形态的零售卖场,如果要持续性做大,都需要围绕用户体验进行模式创新,为用户提供与众不同的价值,尤其是线上线下渠道日益通畅的当下。

最终,从2021年年初我们定下了五年规划,叫家居建材零售服务商,就是以建材家居家电的零售模式为核心去做持续发展,住范儿的定位有三个:第一是最懂用户的装修专家,就是站在用户的角度去做运营;第二是流通环节价值链重构者,就是管选品、管销售、管交付;第三个是超级零售模式,就是在体验上做一些创新,而且线上线下结合,以大店零售模式去做持续性的复制。

这样就把过往的一些核心积累全部内化为对零售的赋能。第一就是装修,装修对零售产品来讲是一个有效的带单方式;第二就是线上的社区团购,可以演化为一个扩大的销售地理半径,也可以给消费者提供一个互联网工具;第三个就是内容和媒体,除了促进获客和品牌宣传推广,也会承担一个消费决策引导的工具角色。

未来住范儿更像是一个零售平台,能够直连消费者和商家。一边是超过1500万有家装需求的用户,另一边是一些优秀的建材和家居品牌的合作伙伴。

住范儿的业务将涵盖五大板块:第一个是知识灵感,通过在线上做大量的内容分享教客户怎么装修、怎么买产品;第二个是产品零售,在线下可以逛店、可以体验;第三个是直播电商,可以将很多不适合在线下做出高坪效的品类在线上通过直播电商实现更有效的售货;第四个是整装,很多用户愿意一站式购齐,一个设计师搞定所有;第五个是安装售后,通过体系搭建帮助优秀的合作伙伴更好地服务用户。

三、以终为始思考装修零售的未来

如果做装修特别好,又赚钱又能规模化,为什么要考虑做零售?

一个最重要的问题是装修公司到底在行业里面承担着一个什么样的角色?赚的是什么钱?这个问题是一切商业模式的基础,装修公司承担的是客户代理或项目管理者的角色,赚的是代理服务费或项目管理费。这样的商业模式到底会给客户会带来什么,对自身会带来什么,对行业又意味着什么?

因为普遍存在增项和交付体验差等问题,装修行业一直在被用户吐槽,没有体现出这个行业的口碑和价值。如果从以终为始的角度去理解这个行业,装修、设计、施工加起来 6000 个亿,辅材 3000 个亿,建材、瓷砖、窗户、暖通、地板加起来 1.5 万个亿,定制家具、软体家具 1.4 万个亿,家电厨卫、冰洗空调、影音小电加起来是 9000 个亿。这些是谁做出来的?是谁卖给消费者的?

最终大概率会存在三类企业:第一类是制造工厂,如建材和家居品类的制造企业,没必要追求终端消费者方面的能力搭建,成为一个超级工厂可能更好;第二类是构建行业基础设施的企业,无论是软件系统、仓储、配送、安装、后勤设施,还是培训基地等,这些基础设施都会推动这个行业的发展;第三类是零售企业,满足用户一站式购齐的需求,零售企业作为从消费者出发的整合者,机会最大。

至于零售模式,无外乎是聚集一批消费者,再聚集一批供给者。如果要想构建一个新的零售模式,最好的方式是先聚集一批新的供给者,通过这批供给者建立正循环,再把消费者规模放大。中国在过去十年时间,在整个行业装修、建材、家具、家电四个大板块都有新的零售模式出现,下面分享三个案例。

破局思维：中国整装零售经营管理评论

第一个案例是上海的筑巢家居，主打的销售逻辑是"欧洲货、中国价"，其实就是通过聚集一批更新的供给者，利用上海市场比较认可进口建材的心理，通过建材超市用一批新的B(business)打一波新的C(customer)，实现了快速崛起。

第二个案例是北京的百川家居公园，主打的是美式家居仓储工厂店，就是找一个地租足够便宜的偏远地方，通过较少的装修和工厂的导购，去做一类家具供给，其目标客群是毕业没多少年、想要个性化的流行风格，又不认可大卖场高溢价的消费者。这种根据需求去做定向的匹配的模式非常值得学习。

第三个案例是顺电，主打时尚品质、高端专业的零售模式，以数码通信、娱乐耳机为主，搭配一些大家电做零售。这种客群相对小众、场景化的销售模式，是面对线下苏宁、国美、京东等"杀"出来的，属于精品店模式。

除上述三种模式外，还有第四种模式，就是供应链平台模式。这里面有做辅材的，有做主材的，也有做家具、家电的。这种模式的核心在于供应链效率，如果一个供应链平台没有办法产生效率，品类也没有办法更好地协同，如何跑通呢？

零售的本质，应该是一手抓流量垄断，一手抓供应链效率的生意。对于消费者的运营是否做得足够到位？匹配的供应链是不是可以有效率地去做销售和出货？无论是从整装到零售，还是从定制到零售，到最后大家都要回答这个问题，去建立一个体验和效率的平衡。只要把这个核心能力在企业里面搭建起来了，未来就是机会。未来的零售有三大特点。

第一个特点是更近的用户关系。以后不只是卖场和顾客之间的关系，更多的是用户和意见领袖的关系，比如怎么运营用户，怎么带用户"薅"卖场的"羊毛"，这是未来的趋势。

第二个特点是更充分的商家赋能。不要做一个收租者，把更先进、更有效率的运营方法赋能给商家很重要。比如现在住范儿通过线上的运营，每次活动会帮很多商家梳理它的内容应该怎么做,然后去帮它找内容、话术,这些都是住范儿在做的一些尝试。

第三个特点是更丰富的成交场景。万物互联时代,用户获取的信息和成交的渠道是越来越多元的。如何做到线上成交,线上线下一体化,甚至成交的不仅是店里的产品,而是更丰富的供给,这是需要我们仔细思考的。

四、踩过的坑:对于零售的一些错误认知

分享过去对于零售的一些错误认知,希望越来越多的企业能够在行业中一起做更多对消费者有利的零售创新。

第一,软装设计可以带动软装销售。这是一个伪命题,因为绝大部分的软装设计只存在于高端客户,设计师水平高,客户信任设计师,也愿意为设计付费。对于中产阶级、新中产阶级和普通用户而言,更多还是以用户自己的认知和审美去理解这个方案,很少被设计师左右,所以软装设计师很难带动软装销售。

第二,追逐成本更低而不是合适的商务条件。很多头部大装企一味追求更低的采购价,这不是做零售的逻辑。零售市场一定是一个多、快、好、省的综合体,单纯追求成本更低未必是合作供应链的一种正确方式,一个合适的商务条件能够平衡平台和商户的关系,更好地带动零售。

第三,过于重视店面体验感和生活场景,急于扩充高频品类。一味学宜家不太可取,家装行业的客户更注重信任,如果拿很多生活场景和高频品类吸引用户,用户很容易把你比作宜家,反而会发现你方方面面都比不上宜家,弄巧成拙。

第四,认为装修流量等于零售流量。曾经有这样一种认知,认为所有装修的人都是要买建材的人、要买家具的人、要买电器的人。装修流量产生时此人未来一定有购买这些产品的需求,虽然他要装修,有可能需要你的品

类,但是他只是一个人而已,不是一个有效流量。如何把装修流量转化为愿意在这边采购产品的流量,其实需要很多的探索,这里面有运营的作用,也有整个品牌营销的作用。

第五,用缩短流通成本、打造更高的性价比来理解每个品类。这个逻辑不太对,因为不同品类的用户理解可能是完全不同的,比如床垫和地板,前者是背后隐藏着一种阶级认知的匹配属性问题,地板更多的就是一个功能和材质的导向问题。如果不同品类都可以用极致性价比来运营,小品类早就一统天下了,而事实上并不是。

第六,把线上团购的爆款逻辑带到线下,认为店里做很多精选产品就可以带动销售。实际这样做未必有效率,原因很简单,流量的结构和付出的成本是不一样的。

他山之石可以攻玉,住范儿仍在不断调整,从产品逻辑逐步调整到运营品牌,从做装修零售到成为零售流量,从追逐C端体验到做C端和B端的更好平衡,从性价比逻辑到理解不同品类的销售逻辑。这其实是一个过程,而且这个过程从做装修的角度很难去理解,因为从装修的角度就是有设计话语权,就能带动所有。但在零售市场上,并不是这样的逻辑。

无论如何,未来十年,一定是行业走向整合的十年。

整装高效运行的四个"一"

华美乐装饰集团董事长　郑晓利

在市场形势严峻的当下,企业得有决心做减法,不能急于开疆拓土,把一个市场做透、做深是根本。

家装行业长期以来有着高度依赖人、服务链条长、节点多、环节多、标准化程度低等痛点。如何提高效率？如何突破反规模化瓶颈？这是所有装企都在孜孜不倦探索的问题。

在理解整装如何高效运行之前,我们不要忘了自己是为谁做整装,清晰的市场定位是做好整装的前提。华美乐的市场战略定位一直很清晰：不做太高端的用户、也不拼低价,服务广大的中产阶级,为目标客户提供一站式家居服务。客户从购买房子开始,要装修、要买建材、要买定制产品、要售后服务,于是我们就提供装修、建材、定制和售后服务,看似"四不像",但能一站式解决客户购材与装修需求,这就是我们存在的价值。所以,我们给自己的定位是多元化家居服务商。

基于数十年的行业经验,华美乐经过实践检验总结出了家装行业的"四个一"模式,即一套管理模式、一套产品构成、一套供应链体系、一套数字化系统,相信能为家装行业带来一些启示。

一、整装高效运行的四个"一"

1. 一套管理模式

照理来说,企业开店越多,规模效益越大,相应的成本应该越低,所能获取的利润也越高。但对于装企来说,却并非如此。由于各地区的情况、客户喜好、营业成本等不同,企业很难通过标准化降低经营成本,导致店开得越多反而越亏钱。

要解决这一痼疾,先要统一管理模式。首先,所有地区的门店采用直营方式,建立统一的理念、价值观、定位等。其次,门店也呈现统一的风格。再次,门店的操作流程、内部运作模式全为一套标准。最后,为了培养人才,门店的岗位、职责及相关的激励机制也是统一的。

管理模式统一,业务运转效率自然会提升。

2. 一套产品构成

家装用户的需求是非标的,但过于分散的个性化需求会影响运营效率,所以装企的产品设计既要从用户需求出发,又要考虑提供服务的效率和成本,做好个性化需求和标准化服务的平衡。

华美乐将产品简化为基础包、家电包、家具包等,套餐包价格标准化,套餐内精选大牌商品,目前SKU能达到1600件,用户可自由替换同等价格的商品。为了保证充分满足客户的需求和体验,华美乐每年保持35%以上的新品更新速度。每个季度都会做下个季度的市场评估,以保证下个季度的新品迭代。

如基础包(即主材包)"智慧家5.0",套内面积为70平方米,价格为125999元。在主材包的基础上,可以根据客户需要增选家电包(包括海尔冰箱、海尔洗衣机、老板油烟机、老板灶具,等等)和家具包。

第二篇　整装零售面面观

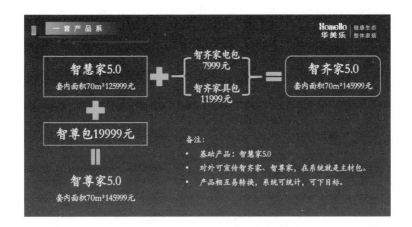

这一套产品体系，计价方式简单，给用户确定的价格和放心的商品，零增项，可实现一站式拎包入住，用户体验很好。

3. 一套供应链体系

装企在竞争中很大一部分优势来自其供应链能力。华美乐通过自建库存、配送、安装体系，将所有品类做库存，所有商品统一配送，使得服务更有保障，成本更低，交付更快。

首先是建立商品SKU，所有商品在入库时都有独立的SKU，便于商品的库存管理、下单、锁定、配送。其次是建立商品类别属性，所有SKU会被归属到相应的商品类别，如瓷砖、地板、卫浴、木门、铝门、灯饰、水电材料、油漆涂料、定制等。最后是根据商品类别归属送货批次，再根据施工进度对应送货批次，解决了工地材料少送漏送的问题，同时节约了运输成本。

除此之外，形成大数据时代的整装思维也是相当重要的。

在生产前，通过已结算的家装单，对整装产品的所有数据进行分析，了解当下客户的消费主张、热销商品以及商品的市场认可度，以确保大产品所聚焦的各类小商品更符合当下的审美标准，让客户一眼就能相中喜欢的家居商品。在生产过程中，为了保证配量精准，华美乐通过数据分析了解各个品类商品的用量，实时对各类辅材商品用量作出调整，确保辅材每一个

SKU的配置数量精准,避免工地多次补货影响运转效率,同时,减少不必要的材料浪费,为公司节约成本。最后,开工前由客户确认选材,总部采购中心通过预算系统确认商品诉求,统一采购备仓。

这样一套自主可控的供应链系统是整装产品可靠交付的有力保障。

4. 一套数字化系统

数字化转型对于装企效率的提升是必须的,但是要做到这一点并不容易。华美乐花费了数十年时间开发了一套数字化整装系统,包含财务系统、HR系统、CRM系统、装饰系统、手机APP、供应链系统。

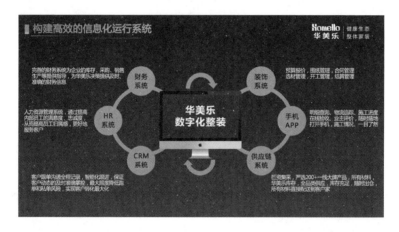

财务系统为企业的库存、采购、销售生产等提供指导,并提供及时、准确的财务信息;HR系统提供人力资源服务;CRM系统用于智能化跟单,实现客户转化最大化;装饰系统可以用于预算报价、图纸管理、合同管理、选材管理等;手机APP上可进行物流追踪、施工进度在线验收、查看业主评价等;供应链系统可进行材料采集、直接配送等。

华美乐的数字化整装系统,打通了售前、施工、售后的全流程,如此一来,施工过程全部流程化、标准化,企业也从粗放发展逐渐走向精细化管理。

二、精耕局部市场,做深做透是根本

整装运营的发展目标应该是全国性的,但这是一个长期的发展目标,而不是一个晚上开拓几百个城市。因为建材和家装行业是一个重体验、链条特别多、很难标准化的行业,需要设计师根据业主的个性特征去设计,需要通过施工人员一手一脚地做出来。它不像快消品行业,也不像互联网行业,花钱就能做出来。在市场形势严峻的当下,企业得有决心做减法,不能急于开疆拓土,把一个市场做透、做深是根本。

华美乐基于建材超市的背景,一开始就是多品类经营,所以管理团队、信息系统、供应链等能力一直都适应多品类经营、多业态发展。加上后期在社区的布局,华美乐又多了一些获客能力,提高了顾客黏性。

我们自己总结的三大核心优势,都是基于"对客户负责"的出发点:第一,店铺全部自营,华美乐近百家社区店,没有一家是加盟的;第二,自建"仓配安",仓储、配送、安装一站搞定,100%客户回访;第三,广东12城密集布点,建立30分钟服务圈,快速响应客户需求。

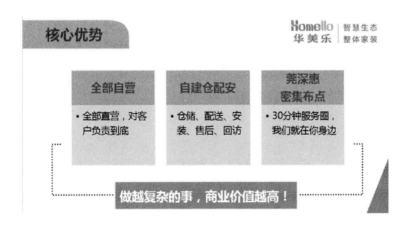

我们始终相信,不管市场环境如何变化,只要能多方位地满足客户需求,就一定会有生存空间。

立足消费需求,做出沪佳特色的整装

上海沪佳装饰集团董事长 李刚

对于整装公司而言,做大每一单的客单值,就是做大规模。而要想实现规模化发展,进行家装、家居、家电的资源整合是有效途径。

沪佳从 2015 年开始做整装,我们笃定整装会成为家装未来发展的主流趋势。一方面,整装的科学布局、流程管理、统筹施工相比传统装修各环节衔接得更紧密,工期更可控,问题率大大降低,用户更省心,满意度更高;另一方面,整装施工管理更规范,业务连续排期,工人收入稳定、有保障,可以有效弥补传统装企工人紧缺的短板。

经过八年的经营,沪佳整装发展出两大特色。

其一是建立了整装四项科学法则。首先是设计会诊,做设计时要考虑周全,保证设计的准确性,定稿后不能随意变动;其次是以成品家具为中心,即以沙发、床、餐桌等为中心做配套;再次是业主不能私自买材料,杜绝后期出问题责任划分不清楚;最后是设立了价格规则,价格要合理化,不能靠比价谈单。

其二是高度流程化、模块化。一方面是基于效率考虑,比如卧室门尺寸统一成 0.8×2 m,现场安装时门小了就收窄门框,门大了就切割门板,流程高效快捷;另一方面是基于成本考虑,比如卧室门模块化、标准化以后,工厂可以批量生产,采购成本便可能从上千降到几百,对厂家、业主来说都有好处。

责任明确、流程可控、品质可控、费用可控、工期可控,让业主省心,这就是沪佳要做的整装。在此基础上,沪佳仍在不断探索整装的未来,主要有以下三个方面。

一、家装、家居、家电品类的资源整合

整装在做好家装相关环节的统筹衔接之外,还可通过横向整合家装、家居、家电品类来提升客单值,做大整体盘。

以沪佳为例,平均客单值从 2016 年的 14 万提升到现在的 26.5 万,几乎翻了一倍。背后的主要原因就是我们横向进行了家居、家电的品类融合,包括增加定制柜、门窗、暖通、电器等。其中,暖通的合作比例逐渐增加。另外,自从与欧派合作引入定制柜以来,定制板块的单值每个月都在上涨。

对于整装公司而言,做大每一单的客单值,就是做大规模。而要想实现规模化发展,进行家装、家居、家电的资源整合是有效途径。

二、紧密合伙人模式破解跨区域规模发展难题

家装公司如何在资源整合的基础上持续做大做强,使家装、家居、家电形成更为紧密的关系,实现跨区域、上市运营等更大的发展目标?沪佳给出的答案是紧密合伙人模式。

紧密合伙人模式是沪佳目前正在探索的较为有效的做大规模的一种创新。企业要做大做强,跨区域运营是必要的,其中最大的难题是技术工人的本地化。因为工人不能外派,装企又不熟悉所跨区域市场的人工情况。

要破解这一难题,我们的想法是寻找当地排名前10或者前20的家装公司合伙成立公司,每名股东占股10%~20%,自然人合伙人占股40%。通过与当地合伙人紧密合作,放大彼此的优势资源,形成合力。如果每家公司实现1亿产值,20家合力就是20亿产值,做大甚至做到上市并不遥远。

这种模式第一可以解决跨区域运营的问题,第二可以将每个合伙人义务最大化,同时也意味着权益最大化。需要注意的是,紧密合伙人的前提是,设置不超过两名自然人合伙人,采取个人+合伙企业模式,可以减少矛盾。

另外,当紧密合伙人模式形成一定规模后,能提升装企在行业的话语权。比如,家居个性化定制方面,装企如果能提供足够的量,就可以让上游制造商在款式、色彩、风格等方面进行定制,从而提升装企在当地市场的差异化竞争力,有效避免陷入价格竞争怪圈。

三、探索家庭综合服务,做业主的"全科医生"

沪佳顺应整装趋势驶入发展快车道,短短几年,从家装、家居、家电的资源整合,到通过紧密合伙人模式的创新,已成为上海有影响力的头部装企之一。未来,沪佳仍将以"家"为中心进一步推进产业化、规模化、模式创新化的探索。

上海家装已进入存量时代,获客成本高,转化率偏低,这就要求装企的设计师和客户经理成为业主的"全科医生",在整装设计和落地的基础上,进一步考虑其入住后可能面临的各种问题,包括家政、婚庆、教育等,以此提升获客能力,深耕本土市场。

当然,入住后的家庭综合服务不用全部由沪佳自己做,而是在不影响核心家装业务的前提下,逐步引入专业的家政、婚庆公司进行合作,沪佳则主要聚焦把规范做好,让专业的人做专业的事。最终,沪佳将以家庭综合服务商的角色实现整装的转型升级。

解码顾家家居"新价值链整装"模式

顾家家居整装业务经营部总经理　杨兴国

顾家以成品所代表的装修风格为抓手,形成成品驱动定制、驱动硬装的反向驱动力,以消费者为核心重塑整装价值链,赋能装企,掀起提升成交率、放大客单值、提升用户体验的整装变革。

其实早在2015年,顾家就尝试过拓展装企渠道,但当时采用硬装同家居套餐强行绑定的模式,导致装企签单难度提高,同时顾家传统渠道的反对声音较大,加之落地服务存在一系列问题,所以同装企合作时间不长,顾家便把主要精力放在传统渠道的高速扩张上,装企渠道逐渐被搁置了。

直到新冠肺炎疫情后,居民消费信心不足,房地产市场步入寒冬,装企的获客和供应链都受到冲击,家装行业穷则思变,满足消费者一站式家装服务需求的整装成为趋势。问题是很多装企是打着整装的旗号做着传统的事情,虽然品类有所增加,但运营效率低下带来的成本都通过单次博弈转移给了家装消费者,用户体验依旧不好。根本原因是很多装企缺乏独立完成多品类整合供给的能力,主要表现在整装产品设计、供应链效率和售后保障等方面的能力欠缺。但另一方面,家装渠道相比零售端可以更早触达用户需求,是重要的流量入口。

面对需求侧和供给侧的变化,顾家家居从中看到了巨大的机遇,在2020年重启了对整装赛道的研究和实践。

我们认为整装的兴起让家装公司已经尝到了与定制企业合作的甜头,客单值和转化率方面都有所提升。但定制主要是房屋中不动的部分,改变的更多是空间结构,而真正决定家装风格和舒适性的其实是软装部分。可以说,如果几年前没有抓住定制,很多头部装企就不能成为如今的第一梯队装企。同样,当前如果抓不住成品和软体产品,装企在未来的竞争中就会出现明显的短板。因此,装企对头部品牌的软体产品的需求是非常旺盛的。

一、顾家家居加速布局整装赛道

新一代消费者对家居家装的品质和体验有了更高的要求,整装已是大势所趋。对于从新冠肺炎疫情中存活下来的装企来说,品类扩充和服务升级势在必行,部品商也在想方设法进入整装赛道抢占先机,呈现各路诸侯混战的态势。但同质化的竞争没有意义,唯有优秀装企和优秀部品商的强强联手,输出远高于行业平均水平的解决方案,才能赢得家装用户的信任和青睐,占领更大的市场份额。

依托40年来积累的品牌、产品、组织和服务等行业性的优势,顾家以成品所代表的装修风格为抓手,形成成品驱动定制、驱动硬装的反向驱动力,以消费者为核心重塑整装价值链,赋能装企,掀起提升成交率、放大客单值、提升用户体验的整装变革。

2022年5月26日,顾家"新价值链整装"在杭州发布,并推出"顾家星选"。顾家星选是顾家家居专供整装渠道的产品系列,通过涵盖客厅、餐厅、卧室、定制等品类齐全的家居产品和服务,充分满足追求高品质、高颜值、高时效的刚需及改善型装修用户对美好家居生活的需求和向往。不到半年时间,顾家已经和全国及区域性头部装企通过整装经销模式开设几十家顾家星选展厅(以定制+软体融合展厅为主),并且已经形成了可观的营业额,模式验证完成,进入复制期。

以圣都海外海的1000平方米的顾家星选融合展厅为例,2022年8月初开业,首月即斩获200单,四个月业绩超千万。圣都家装副总经理王玉伟说,之所以选择顾家,看重的是顾家的差异化价值,主要体现在三点:其一,顾家软体家具、定制一体化,能做大客单值;其二,顾家能满足客户对一体化的需求;其三,顾家可以往中高端的方向去做,与其他品牌形成一种区隔。顾家星选在圣都的业务模式和销售状态,获得了贝壳圣都体系的高度关注,目前已经开始在圣都的其他大店复制。

为避免和经销商渠道发生冲突,顾家家居面向整装渠道成立了独立的整装业务拓展部,加速布局整装赛道。在产品开发方面,顾家面向整装渠道单独开发多品类产品,包括沙发、软床、集成配套、床垫、全屋定制、按摩椅、晾衣机等;在业务招商方面,顾家总部提供专项补贴5000万元,用于整装渠道的样品、装修、开业、广告等补贴,并为装企提供免费的培训和活动支持。

二、"新价值链整装"模式解码

1. 三个一体化赋能装企

第一,产品研发一体化。顾家的定制和软体产品从产品企划和设计开始就是一体化的。"顾家星选"具有6大标签:顾家品牌、品类齐全、独立研发、价格统一、服务统一、整装专供。公司通过丰富产品矩阵、完善服务体系直击整装消费痛点。同时,顾家星选展厅打造了定制+软体一体化融合、沉浸式体验的全屋家居空间,涵盖14大家居空间、9大定制产品系列及全品类产品,更好地满足消费者高品质、高颜值、高时效的家装需求。

第二,设计下单一体化。顾家给装企设计师提供了基于酷家乐平台的系统化解决方案:可以实现从硬装到顾家的定制和软体的一键设计、出图、报价和下单的一体化功能,能大幅提升装企设计师的设计效率,降低装企的运营成本。

第三,运营服务一体化。装企一旦和顾家合作以后,定制和软体品类同时和顾家进行对接合作,顾家总部或区域经销商有团队支持装企开展相关运营,售后服务也有顾家完善的服务体系进行保障。运营服务一体化既能显著提升装企运营的效率,降低运营成本,也能帮助装企提升用户满意度。

顾家的一体化战略所搭建的体系能力是顾家的最大亮点,因为打通了定制、成品、软体品类的一体化研发、生产、交付能力,并具有全链条的自营供应链体系,能帮助不具备成品服务能力的装企提升和改善设计、安装、服务等方面的能力,实现客单值的提升和转化率的提高。

2. 顾家星选 7 大战法

两年来,通过和众多头部装企加强合作,顾家对整装业务的理解不断加深,总结形成了做好整装赛道的顾家星选 7 大战法。

战法 1:全品类大融合,客单值做更大。 顾家的全品类基本涵盖了硬装以外的绝大部分家居产品,能够帮助装企更好地将大流量转化成大客单值。

战法 2:情景全屋呈现,体验好、易转化。 卖家具一直是家装行业的一个难题,顾家通过定制+软体一体化开发设计的产品,可实现情景化全屋呈现,用户体验更好,转化率自然更高。

战法 3:品牌资源共享,倍增市场能量。 顾家在 C 端知名度高,拥有广泛的消费者基础。顾家与装企强强联合后,顾家的产品力、品牌力和多年积累的口碑,势必为双方带来更多的优质用户。

战法 4:买家具送定制,带得动、玩法多。 如主打的 49800 元任选家具产品再送定制融合套餐,用户可在展厅里面任选,充分满足用户的个性化需求,同时我们还会联动装企赠送更多福利。

战法 5:30 天齐套交付,更快、更准、更好。 交付是整装业务的核心和关键,顾家在供应链板块投入了大量资源,准交率达到95%,同时顾家承诺30天齐套交付,做不到就对装企进行赔付。

战法6：设计下单一体化,出图运营效率高。通过跟酷家乐的合作,装企设计师能将用户的定制和软体产品需求通过设计工具快速成图,然后通过系统自动下单到工厂进行生产,实现设计下单一体化,最后一次性交付。

战法7：顾家业绩宝,系统赋能强。顾家很早就布局数字化战略转型,经过多年数字化方面的投入,已经打造出了包括四大环节、八大场景在内的相对完善的数字化矩阵。通过数字化系统,顾家可为装企实现更多赋能,比如内部培训、考核的能力,对一线客户精准管理的能力等。

未来顾家将携手经销商与全国各地优质头部装企共谋发展,积极拥抱用户、拥抱市场、拥抱变化,解决用户对家的一站式需求,让装企销售没有后顾之忧,实现顾家、装企和用户三方共赢。未来十年,将是中国家居建材行业最好的十年。

欧派整装大家居发展路径解析

知者研究

硬装和定制本质上是两套逻辑,前者是服务,后者是制造。硬装标准化不能达到一定程度,定制和硬装的整合成本就很高,只能一边等待一边尝试,为日后的一体化整合积累经验和资源。

一、什么是大家居?

欧派是业内率先提出大家居发展战略的企业,战略核心是从单一的产品提供者成长为家居一体化解决方案提供者,把包括硬装、定制、软装乃至家具家电等家居生活所需的产品和服务整合起来,追求的目标是"一揽子搞定,一体化设计,一站式服务"。

首先,大家居要够"大",即多品类覆盖,满足消费者一揽子搞定(一站购齐)的需求。多品类的前提是做好单品类这个"1",如欧派最先将整体橱柜引入国内,采取纵向一体化的业务模式,覆盖从原料采购、设计开发、生产制造、品牌建设、产品销售等各个环节,实现对整个产业链的有效控制,橱柜产能和营收保持领先地位。在橱柜品类稳定发展背景下,欧派从 2003 年开始向全屋产品延伸,覆盖整体厨房、整体衣柜(全屋定制)、整体卫浴、定制木门系统、金属门窗、软装、家具配套等整体家居产品,为后来欧派大家居战略的实施奠定了基础。

其次,大家居是一个整体方案,没有一体化设计的大是杂乱低效的、功能失调的。一体化设计发展的路径大致可分三个阶段:第一阶段是从单品类定制到单空间方案,如欧派的整体橱柜、整体衣柜等;第二阶段是单空间方案向多空间融合,如欧派衣柜提出的整家定制 2.0,可结合消费者的生活方式、功能需求与风格喜好将"入户＋客厅＋餐厅＋卧室＋多功能房＋阳台"六大空间进行整体设计;第三阶段是整家定制和家装设计的整合,实现从硬装到拎包入住的一体化设计,是可以 100% 落地的,可以给消费者所见即所得的体验。

最后,大家居离不开一站式服务,需要经销商向一站式超级集成服务商转变。过去定制企业经销商体系是割裂的,橱柜、衣柜、卫浴等不同品类的经销商重合度较低,面对客户的整家定制和整装需求,就会造成流量的浪费,市场倒逼门店向相关品类拓展。但对于经销商来说,品类拓展意味着门店展厅重新陈列,销售模式和团队能力也要跟着改变,这都需要来自总部的支持。欧派的最大底气在于其拥有远超竞争对手的经销商(服务商)资源,经销门店超 7000 家。欧派首创千分考核机制、"10＋1"欧派终端营销系统、双 50 理论、店面 4S 管理等完善的经销商管理制度并有效执行,助力过去单品类经销商向一站式超级集成服务商转变。

二、理想化的欧派全屋定制 Mall

欧派大家居战略于 2014 年 10 月正式提出,被视为自身的第二次革命。方向既定,先行试点。2015 年 6 月在广州郊区欧派总部做了大家居体验展厅,广州当年销售额增长40%,之后又在广东梅州试点,也让当地销售额实现翻番。直到2016年6月,欧派才在哈尔滨有了第一家真正的大家居门店——欧派全屋定制Mall。

欧派董事长姚良松当时认为欧派全屋定制Mall的特色有三个:第一,消费者装修不用东找西找,在欧派就可买全家居产品;第二,一次性统一装修设计风格,不必担心从各处挑选组合的家居产品是否搭配;第三,欧派可以从设计到产品再到装修一揽子帮消费者搞定。目标是通过"个性化空间定制+一站式自主选材+管家式全程服务的一体化服务",彻底消除消费者的"装修恐惧症"。

显然,欧派高层当时有些理想化了。大家居实现"一站搞定"的难点有两个:

一是基于供应链能力的一体化设计。欧派全屋定制Mall是以欧派自己的橱柜、衣柜、卫浴、木门等7个品类的产品资源为主,适当地搭配地板、瓷砖、窗帘、吊灯这些其他企业的产品来丰富消费者的选择空间。但这个阶段的全屋定制在品类延伸上缺乏用户思维,进行品类组合时表现为东拼西凑、强制捆绑以及诸多限制。正如前文所述,没有一体化设计的大是杂乱低效的、功能失调的。

二是定制方案和硬装的一体化整合。家装对人的依赖度很高,硬装环节的不确定性会导致定制和硬装设计和服务的不匹配,比如方案调整或者施工不到位,使得原本量好的柜子凸出来了、门装不上了、主材一换整体风格不协调了等问题出现,消费者就会花很多冤枉钱。而要真正打通定制和硬装,不是一家企业短期内能解决的。因为硬装和定制本质上是两套逻辑,前者是服务,后者是制造。硬装标准化不能达到一定程度,定制和硬装的整合成本就很高,只能一边等待一边尝试,为日后的一体化整合积累经验和资源。

三、多种模式探索布局整装渠道

为布局整装渠道,拓宽获客来源,欧派于2018年开始试点推进整装大家居商业模式。

欧派整装大家居是指公司直接选择和各地规模较大、口碑较好的优质家装公司开展代理经销合作,充分利用公司品牌知名度高、定制产品品类丰富、供应链平台等优势,辅以公司成熟的信息化销售系统,迅速导入装企终端,极大地提升终端效率,缩短磨合期,对其进行品牌、流量、管理、产品的同步赋能。在整个客户服务环节,公司负责产品的生产制造以及营销支持等,家装公司负责提供定制家居设计安装服务和家装设计落地施工。(公司年报)

整装大家居模式中,欧派更多是作为一个部品商为头部装企做产品配套,其整家设计能力其实没有得到很好的发挥,而这一点反而是装企提升客单值的关键。于是2021年初,欧派针对年轻消费群尤其是新中产阶层,以"一体化整家定制"为核心主张,推出新品牌StarHomes星之家,用更灵活的加盟条件为本地装企和零售商客户赋能,产品销售方式可家装、可零售、可批发,店招无明显欧派标识,且不限数量。星之家一经推出,8个月整装接单突破5亿元。

2022年,星之家模式基本跑通,品牌升级改名为铂尼思(英文名BAUNIS可拆解为Brilliant高品质、Aesthetic高颜值、Unify一体化、Nature自然、Individuation个性、Snug舒适六大内涵),充分发挥欧派全品类、一体化研发及全球供应链采购优势,与装企深度融合,以定制产品为核心推出软硬结合的整体家装解决方案,如针对毛坯、精装、局改等不同家装需求人群的两大套餐(998元/m²的一体化整装套餐和39800元的一体化整家定制套餐)。无论是装修为主、定制为辅的整装店,还是定制为主、装修为辅的零售店,消费者都可在铂尼思全国门店购买到同样的套餐产品,实现销售模式的统一,提升终端销售转化和人力资源效能(简称"人效")。

欧派整装大家居事业部总经理张晓锋认为,铂尼思可以更好地承载一站式超级集成服务商的方向,构建以家居消费为中心、以休闲娱乐为配套的新型商业形态。铂尼思的目标是力争到2026年,品牌门店覆盖1300个城市,开店数量达到3000家,销售额突破100亿元。

在整装大家居事业部专门拓展家装渠道的同时,欧派橱柜、欧派衣柜等事业部也都在大力推动经销商跟装企合作。2022年7月,欧派重磅发布了欧派厨卫&欧派衣柜品质整装"千城千亿"计划,全面冲击整装业务,为消费者提供以品质整装+高颜定制产品展示为核心的设计+主材+定制+家具+施工的一揽子解决方案。截至2022年,欧派橱柜合作的装企约有4000家,欧派衣柜也计划三年实现与3000家装企合作,整装业绩突破50亿元。

2022年10月,欧派整装大家居事业部更名为欧派(铂尼思)整装大家居事业部,欧派+铂尼思双品牌运营,依托V8系统和经营"1+8"体系,全面助力装企创新引流方式、模式战法、运营能力,赋能装企降本增效,不断夯实并扩大在整装领域的领先优势。同时,原集成家居营销事业部更名为欧派整家营销事业部,推行整家定制战略,融合定制柜+配套品+门墙,做大客单值;又将卫浴整合进欧派橱柜组成厨卫营销事业部,厨房空间＋卫浴空间联合助力客单值提升。

整装大家居双轮驱动,整家系统合并,厨卫合并,都体现出了欧派对于深化大家居战略的决心。

四、欧派主导的定制家装一体化

过去几年欧派在整装渠道的探索,重点还是在拓渠道、抢流量,在赋能装企的过程中,大家居目标的实现经常受到装企服务能力的限制,本质上还是行业的"非标"属性导致的。

通过和装企多种模式合作积累足够的经验后,欧派开始试点零售大家居的新业态,在全品类产品销售的基础上引入外部装修服务,创新提出"装管家"模式(定标准、选装企、管施工、有保障四个维度),以"为终端消费者解决装修痛点,消除装修恐惧症"为主旨,因城施策构建以欧派为核心的"独立第三方"平台监管整装体系。

欧派研发出"装管家"模式,为消费者提供定选管保的"装管家"服务,其主要核心有四点:一是定标准,规范制定好装企的标准,并且由总部老师在全国各地进行标准本地化工作,为全国的消费者在不同城市制定标准;二是选装企,借助欧派的行业影响力,在全国各地以欧派标准认证匹配一部分符合标准的装企,推荐给消费者,帮消费者从源头上解决问题;三是管施工,针对消费者没有时间、不懂装修等痛点,培训工程管家,帮助每一个消费者进行工地监管,且这个监管是一个纯粹的去利益化的第三方服务,能发现问题,更能解决问题,欧派工程管家要保证交付到消费者手中的工地是完全符合欧派标准的;四是有保障,欧派为消费者提供包括环保安全等在内的各项售后服务,解决行业售后维权难的问题。

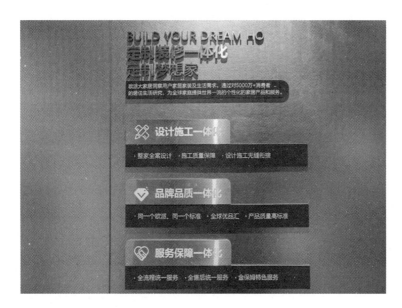

零售大家居是以赋能零售经销商转型整装赛道为中心,推动欧派零售成为整装赛道的领先者、领导者,并巩固其地位。截至2022年底,欧派零售大家居业务已启动建设102个大家居店,预计2023年零售大家居可以新开200多家门店。

姚良松在2023年第一季度业绩说明会上明确表态"无意做装修,无意抢占渠道商利润",这个说法跟华为说自己不造车如出一辙。华为不造车,但用户是冲华为才买的问界,因为标准和服务是华为做的;同理,欧派不做装修,但"装管家"若能做好标准和服务的落地,用户未尝不会冲着欧派做整装,最终实现"一揽子搞定,一体化设计,一站式服务"的愿望。

聚焦家装需求,构建装企渠道新零售

火星人家装事业部总经理　谭雁鸿

火星人通过近三年的家装渠道建设,已逐步打造出一支专业高效的总部家装团队,并通过工厂、装企、加盟商之间的价值链设计,建立了一套稳定的销售和运营服务体系。

美好生活,集成"智灶"。集成灶产品油烟吸净率更高,且集油烟机、燃气灶、功能柜等于一体,最大限度节省了厨房空间,同时具备多种烹饪方式选择,以及智慧厨房场景解决方案,让做菜变得简单快捷,受到更多年轻消费者的青睐。集成灶产品能够更大程度地满足用户需求、价值升级,所以我们希望头部装企积极迎合市场趋势变化,早日布局集成灶产品合作。

火星人集成灶旨在让厨房生活更健康,自2021年跃居同行业上市公司行业营收第一,主要生产集成灶和集成水洗两大核心品类,品牌认知度高,产品设计领先,全国网点覆盖广,并且是获得国家双五星级售后服务认证的企业,致力于成为广大装企合作供应链首选品牌。

随着整装成为重要的流量入口,火星人率先开始在装企渠道进行全方位战略布局,积极打造家装业务体系,构建渠道运营能力,并不断完善运营机制,战略性投入大量资源用于渠道业务发展建设,目前家装渠道业务势头迅猛,业绩增长显著。

一、模式赋能:为加盟商服务装企减负

针对全国头部装企、定制橱柜企业,由火星人总部以战略采购模式直接合作,统谈、统签、统配、统结。集成灶产品具有很强的电器属性,产品标准化程度很高,客户下单后可"一件直发"C端、快速发货和安装、售后无忧,总部业务协同全国加盟商承接装企门店上样、落地运营、安装及售后服务。

该模式最大限度地解决了地方加盟商资金压力大、库存积压、费用高、利润薄缺乏动力等痛点,让广大装企客户放心与火星人合作,目前行业内合作满意度评价非常高。

二、产品赋能:差异化的产品运营方案

火星人聚焦家装渠道需求,根据客户定位的不同制定了差异化的产品运营方案,主要有套餐产品、升级购产品、个性化产品三类。

(1)套餐产品。一般为家装公司入门套餐标配产品,主要凭借性价比优势进入装企厨电买赠、捆绑销售等活动,以规模化降低成本,企业降低毛利要求,但产品品质和服务不打折。

(2)升级购产品。一般为功能、配置升级的加价换购升级产品,通过设计师和销售的正确引导,业主愿意花更多的钱买更好的产品,需要补差价或

者参加活动进行购买。

(3)个性化产品。一般为跟线下零售专卖店打通的主流旗舰产品,凭借设计、卖点优势满足高端消费群体,主要针对半包零售型、中高端全案装企客户,产品丰富、便于选择。

以上三类产品可以最大限度地满足装企客户的合作需求,而且火星人品牌市场溢价高,产品品类丰富,不仅会扩大销售成交面,也会在一定程度上提高装企到店客户的消费客单值,为合作伙伴创造更多的利润可能性,做到真正的产品赋能。

三、体系赋能:重构家装渠道"人、货、场"

火星人通过近三年家装渠道建设,已逐步打造出一支专业高效的总部家装团队,并通过工厂、装企、加盟商之间的价值链设计,建立了一套稳定的运营服务体系。特别是总部战略业务快速布局,在全国头部装企积极开设品牌专厅,并不断提升网点形象以及进行产品生动化展示,派驻专业导购人员进行销售,还通过各类培训、烘焙美食体验活动,让集成灶产品不断深入人心。

(1)渠道门店上样。产品的生动化场景展示都将直接影响客户的购买体验和决策。火星人与装企达成合作后,建设品牌独立展厅、形象专区,并为门店提供丰富的销售物料,以及产品性能测试道具等销售辅助工具。

(2)培训推广助推。培训是销售人员开展工作的主要学习方式,不断发掘市场终端的学习需求、定期开展产品的多维度讲解是组织学习的基本方法。火星人将推广融入培训,以"训推结合"的方式在各地开展美食烘焙体验活动,让更多的人亲身体验火星人集成灶和集成水洗产品,让效果看得见。

(3)设计师互动推广。设计师的角色非常重要,需要充分了解消费者的喜好和生活习惯,为消费者出谋划策,提出最满意的装修设计和居家生活解决方案。所以,设计师必须深入了解材料品牌、熟悉产品。基于此,火星人多次举办探寻工厂之旅、设计品鉴会、设计作品大赛等活动,已经让越来越多的家装设计师认识到集成灶能给业主带来的多种好处。当设计师成为品牌的代言人,并愿意主动推荐给业主时,才是为业主装修一个好房子负责,才能让其满意到最后,不给装修留遗憾。

(4)联合促销赋能装企。 通过广告资源共享、流量共享、团队协作等方式,可以提升装企流量转化率。比如,明星活动、直播团购、节日促销等常态化且主题丰富的活动中,火星人掌握优先转化流量的机会,同时可以通过厨电产品配套赋能装企销售。

未来,火星人家装团队将秉持用户至上的服务宗旨,深入一线研究市场,聆听用户真实声音,聚焦本质需求,不断完善赋能体系。从产品应用需求、前期设计配套、下单发货响应、施工安装交付到售后客诉处理,为装企供应链提供全流程系统化解决方案,并能满足装企数字化建设的多维度需求。

产品化整装的底层逻辑拆解
——九根藤案例带来的启示

知者研究

真正的整装应该是产品化的，可以像买汽车、吃火锅一样，进行菜单式选配、个性化服务、一站式解决，用户只需要对结果做出评判，而不需要关注过程。

一、产品化整装解析

1. 整装的定义及本质

要研究产品化整装，首先要明确什么是整装，知者研究认为整装完整的定义应是：家装公司根据消费者的家装整体需求将设计、人工、辅材、主材、定制、家具、软装、电器等装修要素产品化（部品集成一体化），以平方米、单空间或整体空间报价，并负责售前、售中、售后的整体服务，且合同责任主体唯一，最终为用户提供一个完整美好的家的整体解决方案。

整装的本质是家装内部要素被重新组织，形成相对标准化的产品输出，且合同责任主体唯一、明确，即只有一个服务主体。

2. 整装的分类

对比传统家装模式,整装的价值主要体现在两个方面:更好的用户体验和更高的装企效率。相应地,整装也可分为如下两类。

(1)追求品质的个性化整装。

尽可能满足用户个性化需求,用更多的选择、更优质的部品、更贴心的服务,打造更好的用户体验。代表企业有圣都,采用 A+B+C(A 是标准化、B 是个性化、C 是零售)的模式,既能满足一站式解决方案,又能满足个性化要求,并且符合品质用户的需求。

(2)追求效率的标准化整装。

用标准化的产品和服务满足刚需用户需求,以价换量。代表企业有积木家、爱空间,通过研究用户家居场景,采用相对有限的 SKU,利用供应链集采优势,为大众市场提供更高性价比的标准套餐产品。

个性化和标准化其实更像跷跷板,品质和效率需要找到一个平衡点,这个平衡点就是我们所说的产品化整装。

3. 产品化整装是标准化和个性化的平衡

知者研究认为,整装的理想模式是:硬装+定制+零售=个性化整装设计 100% 落地。左边是供给组合,右边是用户需求,拆解之后整体运营表现为前端产品选择个性化,后端交付协同标准化。

(1)前端产品选择个性化。

由于住房面积、户型结构、成员构成、家装预算、审美意识等诸多方面存在不同,家装的个性化程度要远高于汽车、家电、手机等功能性的标准化产品。装企需要从用户需求出发,针对其个性化需求进行房屋结构改造、功能动线设计、主辅材料选用、全屋定制、家具软装选择、家电智能整合等,最终形成一个用户满意的居住空间解决方案。所以,前端呈现应该是个性化的,装企可通过模块化组合实现,也可以通过整体风格的塑造来实现,总之,一切以用户需求为准。

(2)后端交付协同标准化。

不同于汽车的工厂流水线生产,家装工地分散,交付品质和交付周期受到设计师水平、材料品质、供应链效率、施工工艺、工人水平以及各环节对接的效率等诸多因素影响,所以多个环节、多个角色都需要进行协同,而协同的前提是标准化。各环节有了标准,才能适配对接,然后通过模块化、系统化,家装后端交付才能对前端个性化整装设计实现100%还原。

真正的整装应该是产品化的,可以像买汽车、吃火锅一样,进行菜单式选配、个性化服务、一站式解决,用户只需要对结果做出评判,而不需要关注过程。

4. 产品化整装的核心在于"确定性"

过去这几年,很多装企名义上是整装,实际采用的还是传统组货逻辑,部品大而全,谈单周期长,效率没有明显提升,好处是头部企业能做到一站式购齐,前端体验有所改善,但因为方案不是产品化的,各环节对人的依赖度高,交付不确定性大,最终导致用户满意度低,装企回单率低。

而作为产品化整装,至少有三项应该是确定的:

(1)产品确定,整体解决方案的效果和功能是确定的。如九根藤整装产品提供12套风格,如同12款车型,不同风格分别有标配版和高配版(主材升级版,如瓷砖从800×800升级为750×1500),用户来了直接看样板间整装成品,然后可菜单式勾选软装、家具、家电等配置,跟买车先选车型、再选配置是一个逻辑。

(2)价格确定,一口价,杜绝过程增项。如九根藤用户输入户型和面积,系统快速出标配价格,无增项,预算价格等于决算价格。如果用户不需要部分软装或家电,只需在减项表单勾选,对应的价格会从所报总价中减去。

(3)交付效果确定,保证装修结果和预期效果是一致的。项目管家制,去工长化,工资直发工人,样板间可1∶1还原。

产品化整装的确定性,使得装企的谈单逻辑发生改变。如九根藤用户上门后先看样板间，之后看仓库和定制工厂，设计师会重点解释产品为什么便宜，而不是工艺、材料和效果图，那些不是产品化整装的优势。九根藤之前也跟酷家乐合作过，但这种方式只是让用户多看几个效果图，反而增加了决策周期，不利于签单转化。九根藤样板间模式的产品化整装，主打确定性和性价比，正是抓住了下沉市场用户的核心痛点。

二、产品化整装的确定性如何实现？

确定性就是用制造业的标准化、模块化思路打造整装产品，提供的是整体的解决方案，不是家装部品的代购和组合服务，用户不需要深度参与，只需要关注结果。知者研究认为，产品化整装的确定性离不开 5 点：设计前置、部品集成、定制整合、施工平衡和系统管理。

1. 设计前置：标准化解决方案所见即所得

传统装企大多没有产品研发部，样板间也不是标准化产品。客户上门后，不能尽快确定方案效果和详细报价，始终都不放心，做决策就会犹豫很久，反复对比多个公司；设计师为了签单，将大量的时间花费在客户需求沟通、方案细节调整和价格谈判上，有时一个订单甚至会跟几个月，做很多无用功，人效很低。

解放设计师、提升人效的办法就是设计前置。装企设立产品研发部，针对目标客户核心诉求做研发，在功能实现的基础上，用整体风格的一致性去调和户型面积及定制差异。这样，不仅能体现出设计研发人员的价值，也给了用户更多的确定性，签单转化率和人效会更高。

设计前置的核心是整装一体化设计能力，不是简单地组货，要体现出产品完整性和特色，而且要能不断迭代，因此对设计师的专业要求更高。

2. 部品集成：整装部品一站式购齐

部品是相对标准化的，单品类可通过规模集采、贴牌生产等降低成本。

第二篇 整装零售面面观

家居所有部品的一站式购齐,这是目前整装较传统模式的最大改进。2021年开始头部装企纷纷加开大店,将更多的品牌部品整合进自己的供应链,用户更省事,前端体验更好。大店多品类的模式,虽然在获客上有所改善,但因为部品增加,供应链的管理复杂程度同步提升,交付的不确定性也会增加。

为了提升供应链的确定性和效率,产品化整装在满足设计要求的基础上,通过品类做加法、品牌做减法、精简SKU的方式让用户省心、放心、省钱。如九根藤一个品类只选一个品牌、几个SKU,然后采用大规模集采加先款后货的方式降低采购成本,同时自建仓储和物流,将存货周转天数控制在7~15天,降低仓储成本。

产品化整装最终是向弱化部品品牌、强化整装产品品牌方向演化的,如同普通消费买车很少去关注零部件的品牌一样。

3. 定制整装:定制和硬装深度融合

整装产品的核心不是"全",而是"整",体现为内部组织的协调一致及各个部品的深度融合。而整装所有部品中,定制是变化最大的一块,因为房屋户型和面积不同,用户收纳需求也不同,定制的品质以及定制跟其他部品的协调会直接影响整装产品的最终呈现。

传统装企的定制大多交给第三方来做,在选材、测量、设计、安装、售后等环节都需要协调,存在很多不确定性,一旦协调不好容易出现定制尺寸、色彩不匹配,退换货,工地延期等问题,装企、定制方和用户三方可能产生责任纠纷,影响用户体验。所以,自有定制是实现产品化整装的关键一环。

盈斯派尔生产车间

自建定制工厂,占地面积约5000平方米,实现全屋实木定制

九根藤是少有的自有定制工厂的装企,不是做一个"欧索尚"那样的工厂,而是给自己的产品化整装做配套,因为SKU少,产品标准化程度高,定制生产线可以在能力上做减法,工人用三维家的定制生产系统就可以实现定制和硬装的深度融合,配套生产橱柜、衣柜和门窗。最大的好处是从设计到生产到施工都自主可控,出问题的可能性会大幅降低。因为是一体化设计,所以产品颜值高,功能协调,而且材料利用率比专门的定制工厂更高,生产成本低。

4.施工平衡:工艺标准化和施工个性化的平衡

在工艺方面,有一定规模的装企其实差异不大,都有自己的标准,重要的是对工人的管理,如何保证标准落地。对产品化整装来说,施工个性化很重要。因为家装工地是分散的,住房面积、户型结构、成员构成不同,不同项目水电点位和定制需求差异很大。所以标准化产品不能限定得太死板,要给不同的方案留下调整的空间,满足用户的个性化需求。

第二篇 整装零售面面观

九根藤通过工艺标准化、施工个性化来达成这种平衡。首先,工人工资是公司直接发放的,按平方米计算工资,工人只要把活干好就行。没有传统意义的工长,而是从以前的工长中挑选出优秀的人做质检,保证工艺标准的落地。其次,在保证工艺标准化的基础上,在"0增项"的前提下提出"20大项目不限"。其中最典型的是不限水电点位,定制也是卧室窗户相对的那面墙不限面积、柜体可到顶,按需设计,满足用户个性化、功能性需求。

装修0增项 20大项目不限

在这种"不计较一城一地得失"的策略下,九根藤做十家可能有一两家增加1200元的成本,但整体的转化率提高了,实现了规模化交付。因为单个用户变动费用是可控的,如水电成本浮动200元左右、定制成本浮动1000元左右,这部分变动费用仅相当于其他装企动辄2000元获客成本的一半,而且相对很多装企在这个环节的各种限制和讨价还价,九根藤模式的用户体验大幅提升。

好工人稀缺,工价越来越高,产品化整装的施工一定是向装配式方向发展,标准化程度更高,降低工人门槛。通过工厂生产、干法施工和产业工人,缩短工期,且更加环保。

5. 系统管理：全流程完整闭环管理运营系统

在家装实际作业场景中，经常出现两种情况：要么没有系统，规模小可以靠人来盯，规模一大就乱套了，运营成本快速增加；要么系统跟业务不匹配，或者人员线上的使用成本高，推行不下去。

产品化整装的确定性，离不开数字化系统的支持。一方面是整装的SKU更多，周期更长，管理难度大；另一方面是标准化产品相对容易实现数字化，打通前后端实现闭环管理。但要明确一点，系统只是辅助工具，不需要太复杂，重点是作业流程先跑通，效率的提升是通过人与系统工具的协同实现的。

如九根藤的快速报价系统，根据户型和面积快速报价；智能系统精准测算用材用工需求，杜绝材料浪费等不良现象；预算财务管理全透明化、信息化，实现现金流风险预警。

三、九根藤做产品化整装的底层逻辑

1. 让家装更简单：做测试，交学费，聚焦优势，补齐短板，输出标准

九根藤的核心团队是做材料出身的，供应链的核心理念是量要大，就是规模化，而规模化的前提是标准化。所以，九根藤其实从一开始就想做标准化的装修，给家装做减法，让家装更简单。

为了找到与当地市场相匹配的产品定位和投资要求，从2017年到2019年，九根藤在周边不同层级城市尝试了不同规模的店，如株洲店2300平方米、湘乡店1100平方米、长沙店5500平方米，经过三年试水，传统装企会踩的坑，九根藤基本都踩了，交了几千万学费后，基本得到了想要的结果：

（1）标准化产品模式较不确定的增项模式更有竞争力，转化较快，但签单快速增长时，交付往往跟不上，需要在交付环节降低对人的依赖度；

（2）一二线城市运营成本高，抗风险能力差，容易出现规模不经济；而县

第二篇 整装零售面面观

级市标准化产品需求匹配度高,运营成本低,发展潜力反而更大。

于是,2019 年九根藤果断进行战略收缩,砍掉四家分店,全部由总部接盘。针对下沉市场,用标准化理念打造产品化整装,补齐产品在一体化设计、部品品牌及定制融合方面的不足,尽可能降低对人的依赖度,充分发挥公司在供应链方面的优势,致力于做标准化输出,为加盟商赋能。

知者对九根藤的研究始于 2017 年,前后进行四次调研,累计一个多月,同其管理层和员工都有深度沟通,也多次看过定制工厂、仓储中心和工地。随着了解的深入,九根藤这几年的发展让我们看到很多不一样的价值,其产品化整装已初具雏形,家装变得简单了。知者研究发现,其原有定位"智慧生活平台"概念过大,经反复探讨后提出"产品化整装"这一核心理念,使其推广有了抓手。

基于相对完善的产品和运营体系,九根藤于 2022 年 3 月开启周边城市加盟,已累计开出 40 余家店。

2. 定位刚需市场:平质低价的产品化整装

九根藤在经营中发现,尽管市场上有很多装修公司,选择自己装修的消费者仍占一半,主要是为了省钱。毕竟中国还是发展中国家,2021 年城镇人均可支配收入中位数才 4.35 万,很多家庭背着房贷、车贷,还有高额的教育支出,动辄十多万的装修费用对于很多家庭都是一笔不小的开支。所以不是没有需求,问题在于供给端缺乏匹配的高性价比的好产品——要么高质高价,要么低质低价。

一二线城市高收入群体多,能够为高质高价产品买单,如上海一个城市就有多个过 10 亿级规模的装企;三四线及县级城市,高收入群体少,只能满足一两个头部装企,更多的消费者要么选择低质低价的装企,要么自己装修。这部分消费者希望在有限的预算下也能装出品质,我们称之为经济型品质用户,其核心诉求是:颜值不差、功能够用、价格实惠。

所以,如果装企能够做到平质低价,这部分客户就会找来。正是基于此,九根藤致力于帮用户省钱,做平质低价的产品化整装。

对于标准化产品,低价是自带销售属性的,所以九根藤的策略是先定一个有竞争力的价格,这个价格是通过权衡户型、面积、材料成本、净利水平等指标得出的经验数据,使得系统可以根据户型和面积快速报价。价格封顶后,首先是优选供应链大牌部品,精简 SKU,通过规模集采、先款后货尽可能降低材料采购成本;其次是一体化设计和自有定制工厂生产柜体门窗,材料利用率高达 99%,降低定制成本;最后是谈单环节,把不确定的东西去掉(如空调、阳台、床垫),提升产品标准化程度,给用户有限的选择,10 分钟出效果图,一口价,所见即所得,加快谈单进度,也降低了运营成本。

产品风格雷同怎么办?首先,不去别人家里,你不会知道别人家的装修风格,这种"撞衫"的概率很低;其次,手机、家电、汽车等都是标准化产品,大家可以选不同的品牌、配置和内饰,装修同理。在预算有限的前提下,最重要的还是少花钱就能住得舒服。

3. 正向激励体系:懂人性,全员营销,把客户当朋友,做一家有温度的企业

经过多年打磨和不断迭代,九根藤产品性价比优势明显。基于此的全员营销模式,已经形成正向激励,员工主观能动性强,把客户当朋友,用户体验好,口碑回单率高,企业运营效率高,也使得产品的竞争力得以保持。

(1)团队有追求:秉持正向价值,给用户带来真实惠,做一家有温度的企业。九根藤中高层都有股份,利益一致,着眼未来,先求发展。短期平价让利客户,不断打磨产品,完善体系,积累规模,等量起来了,品牌势能也就有了,公司才能走得更远。

(2)全员营销:四线城市是熟人社会,关系和口碑对决策影响大。员工会算大账,把客户当朋友,逢年过节甚至自己花钱给用户送礼品或鲜花,维系长期关系,有的客户就会主动帮其转介绍。九根藤整装产品化程度高,转化率高,因此不同部门员工都可以拉客户,实现全员营销,几乎不做广告,对比当前行业平均获客成本 2000 元,其营销费用大幅降低。2021 年公司的销售冠军大概是1000万元业绩,收入在70万元上下,而当地房价为五六千块钱一平方米,相当于一年一套房,员工干劲自然足,经常主动加班加点服务用户。

(3)结果导向:公司管理务实,人性化。因为产品化程度高,对谈单人员的设计能力要求低,所以大胆起用年轻人,只要其想赚钱、能谈单就行。通过内部PK促进良性竞争,达标员工可以提前休息;每年会组织家属参观公司,优秀员工奖金也现场颁发给父母,每个部门都有基金,会不定期组织活动。

(4)保证加盟商的利益:同传统装企门店加盟靠卖品牌挣加盟商的钱不同,九根藤的核心是整装产品的输出,挣的是供应链的钱。只要其产品研发能满足经济型品质用户的需求,其产品和服务体系就可以在供应链覆盖范围内复制,只需权衡客户密度是否满足规模集采的最低要求。

本质上,九根藤是一家产品化的供应链公司,加盟需要考虑供应链的服务半径和客户密度。因此,初期供应范围只能是湘潭周边大概300 km范围内的城市,整套直发前置仓,若区域规模达到一定量,九根藤会帮助加盟商在当地建定制工厂,使得服务响应更快,产品竞争力更强。若湖南当地加盟拓展顺利,就可再行研判地区外下沉市场复制的可行性及路线,追求更高的目标。

四、九根藤产品化整装的启示

1. 好产品是磨出来的,要能接受成长中的不完美

从最开始的低质低价(很多杂牌部品,且设计和定制能力跟不上)到如今平质低价的9S产品,九根藤用标准化、模块化思维打造、改造家装,实现了从0到1的跨越。

大家都做得到的是基础标准,超出同行的才叫服务。九根藤认为,只有

把用户服务好,用户才不会找你的麻烦。所以,从一开始就想着怎么给用户省钱,不能让用户为装企的低效和交付的不确定性买单。

但一开始没有资金,供应链没有规模,无法做到平质低价,只能在设法维系生存的前提下逐步提升各方面的能力,如产品的完整性、供应链的规模集采、定制的配套等,整装产品才逐步成型,但依旧粗糙。随后通过提升整装设计能力、升级供应链品牌、集成信息化系统,将产品完善到一定程度,才有了9S爆款产品,其高性价比受到用户认可。

所以好产品是一步一步磨出来的,在产品力形成之前,要能接受成长中的不完美,坚持改善产品和体系,等待水到渠成的那一天。

2. 创始人的心力决定了企业的存续和高度

心力,可以拆解为初心和定力。初心即指路的明灯,定力便是对初心的坚守。创始人的心力,是企业撑过低谷期和跨越非连续性的源动力。

九根藤从2016年成立到2019年快速增长到5亿规模后果断收缩,如今产品化整装打磨基本成型,再一次站在了规模扩张的起点。这个过程中,九根藤踩过很多坑,有过存亡危机,靠什么走到今天?知者研究认为,创始团队的心力起到关键作用。九根藤的初心是为用户省心和省钱,团队不忘这个初心,坚守用户价值,才能凝聚团队,大家一起努力走出低谷。

有行业同仁说,九根藤有点像家装界的"胖东来",共同点就在于其真帮用户省钱,也能让员工赚钱。胖东来超市董事长于东来说,做企业就是为了成就员工,你不把你的员工当人看,员工怎会跟着你去奋斗。他甚至能将95%的利润分给员工,坚持周二不营业,员工年休假达140天,鼓励员工带薪旅游,学会生活。员工待遇好,能动性就强,用心服务客户,客户满意后就会常来,从而让企业持续获利,员工待遇就有保证,形成良性循环,多方共赢。

PART 3

第三篇

组织进化方法论

修炼方太领导力,推动组织持续成功

方太集团董事长兼总裁　茅忠群

需要注意的是,方太领导力模型借鉴了西方广泛认同的领导力与管理能力的差异性,重点放在领导力而不是管理能力上。方太认为,管理能力是偏硬性、偏外显的方式与方法,侧重技能,可以通过训练的方式习得;领导力是偏软性、偏内生的特性与素质,侧重心性,可以通过修炼的方式获得。显然,西方领导力关注技能与训练,中华领导力关注心性与修炼。

当前,企业界的领导力理论主要来源于西方。但中华民族有着五千年文明史,是世界上唯一没有中断的文明,沉淀了丰富的中华领导力智慧。在中国式现代化的时代背景下,我们秉持"中学明道、西学优术、中西合璧、以道御术"的原则,通过对中华圣贤智慧和历史经验的学习,以及对西方领导力理论的借鉴,提炼了方太领导力模型。

方太领导力是领导干部感召、组织、带领众人实现共同使命愿景的能力,其源泉是中华优秀传统文化,其本质是中华领导力,包括一个核心、三个维度、十二条目。

一、一个核心：以"心"为本

方太领导力以"心"为本。

心是道的源泉，道是德的根本，德是事的根源，厚德才能载物。在心上下功夫，道、德、事的提升则事半功倍。领导干部必须加强自身的心性修炼，开发心灵宝藏，提升境界格局。

二、三个维度："仁、智、勇"三达德

方太领导力以"德"为基。

"为政以德，譬如北辰，居其所而众星共之"，领导力的基础是品德，品德的关键在"仁、智、勇"三达德，所以方太领导力模型以"仁、智、勇"为三维度。仁者不忧、智者不惑、勇者不惧，仁者无敌、智者常胜、勇者无阻，一个人一旦做到三达德，就能不忧、不惑、不惧，就能无敌、常胜、无阻，就能成人成事，立德立功，取得真正的成功，自然就具备了卓越的领导力。

三、十二条目

从"仁、智、勇"三个维度出发，我们将每个维度细分为四个条目，共计十二条目，每个条目按照要求从低到高又细分了三个层次。具体阐释如下。

1. 仁：立使命、诚安人、兴教化、善激励

（1）立使命。

使命和愿景的建立能让人找到人生的价值意义，是领导者成长的第一步。从张载"为天地立心，为生民立命，为往圣继绝学，为万世开太平"的人生宏愿，到周恩来"为中华之崛起而读书"的少年大志，我们都能感受到伟大

的使命和愿景所带来的巨大能量。

方太是一家使命、愿景、价值观驱动的企业。

作为方太的领导干部,首先要能够理解、认同、承担、传播方太"为了亿万家庭的幸福"的使命以及"成为一家伟大的企业"的愿景。

其次,基于方太使命构建自己团队的集体信念,在必要的时候构建自己的部门使命和愿景,并以此感召众人。

最后,能够觉醒和确立自己的人生使命与志向,并进一步启发员工确立人生使命与志向,共同迈向幸福、圆满、觉悟、自在的人生。

(2)诚安人。

君子诚于中,形于外,不自欺,不欺人,以至诚之心服务大众,利益众人,使众人安心。

伟大的企业不仅是一个经济组织,要满足并创造顾客的合理需求,还是一个社会组织,要积极承担社会责任,促进人类社会的真善美。

作为一名方太领导干部,要以顾客之心为心,视顾客为亲人,为顾客提供美善精品和幸福服务,让顾客幸福安心。

同时,要以员工之心为心,视员工为家人,用关爱感化他们,用教育熏陶他们,让员工物质与精神双丰收,事业与生命双成长。

更进一步要以世人之心为心,积极承担社会责任,弘扬中华优秀文化,让社会得正气。

(3)兴教化。

《礼记》云:"建国君民,教学为先。"自古以来,圣王贤臣无不以教化为大务,立大学以教于国,设庠序以化于邑。只有教化已明,习俗已成,才能实现河清海晏的太平盛世。

领导干部要兴教化,首先要做到以身作则,率先垂范,有所为,有所不为。有所为者,学在前,做在前,想在前,领在前,为所当为。有所不为者,不破戒,不犯规,不逾矩,不踩线,当不为者绝不为。

其次是以言度人，以文化人，帮助他人成人成事。有身教在前，言教才更有说服力，才更能让人心悦诚服。

兴教化的更高层次是传道解惑，做到道而弗牵，强而弗抑，开而弗达，不愤不启，不悱不发，循循善诱，"契理契机"地解答他人的疑惑，帮助他人开发心灵宝藏，觉悟人生大道。

(4) 善激励。

《吴子兵法》云："严明之事，臣不能悉。虽然，非所恃也。夫发号布令而人乐闻，兴师动众而人乐战，交兵接刃而人乐死。"这充分说明了善激励的重要性，同时也告诉我们善激励不仅仅是赏罚严明这么简单。

作为一名领导干部，首先要做到使信赏罚，即制度仁义，赏罚严明，使员工心悦诚服。制定制度要符合仁义原则，落实赏罚要体现公正严明，做到这两点才能让员工保持对赏罚的信任感和敬畏感。

更进一步要做到使愿追随，即平等有礼，亲和友善，使员工愿意追随。现代社会，大家更加关注工作带来的归属感和尊重感，亲和力成为领导者获得他人追随的重要特质。

善激励的最高境界要做到使乐奋斗，即在做好使信赏罚、使愿追随的基础上再进一步做好关爱感化、教育熏陶，使员工乐于奋斗。

每个领导者都要将这三个层次的激励融入领导工作中，打造出真正高能量、强奋斗精神的团队。

2. 智：谦纳言、明判断、任贤能、识安危

(1) 谦纳言。

唐太宗与魏征有一段经典的对话："人主何为而明，何为而暗？""兼听则明，偏信则暗。是故人君兼听广纳，则贵臣不得拥蔽，而下情得以上通也"。能够纳言纳谏体现了领导者的胸怀，更体现了领导者的智慧。

方太的领导干部在谦纳言条目上的第一层要求就是"戒骄戒满"。正所谓"谦者众善之基，傲者众恶之魁"，所有的领导干部都要时刻提醒自己：不固执己见,不自以为是,不自我夸耀,不骄傲自大,唯有如此才能听到真实的、有价值的声音。

第二层要求是从善如流,即广开言路,闻过则喜,去芜存菁,择善而行。领导者应建立"广开言路"的机制,面对他人的意见尤其是对自己的唤醒应"闻过则喜",面对众多建议时,领导者要能"去芜存菁,择善而行"。

第三层要求是善听善谋,即博采众议,执其两端,谋其中道而行。领导者需要在博采众议后,运用中道思维启发更高维的智慧,提出更加科学合理的策略。

(2)明判断。

领导者的核心要务之一就是进行明智的判断,做出优质的决策,这其中既包含了对方向、战略的判断,更包含了对是非、善恶、美丑的判断。

领导者如何才能做到明判断?

首先是依知与见进行判断,即依据知识、经验、见识和审美能力进行判断。日常大量简单事物的判断依靠自己多年积累的知识、经验即可胜任,而审美力特殊一些,未来对领导者的要求会越来越高,因为人民对美好生活的需求在不断提升,既要好,更要美。

当知与见不足以支撑我们的判断,那就需要依理与法进行判断,即依据企业的核心理念、基本法则进行判断。核心理念包含了企业的使命、愿景、价值观,基本法则是指导我们经营管理行为的原理和原则,即十一条方太基本法则。一般看似艰难的决策判断依理与法便清晰无比。

最高的判断依据是道与义,即依据天理、良知、大义判断。孔子离开蒲地后即违背了盟誓,为的是把公孙氏反叛的信息尽快告知卫灵公,以免卫国百姓遭殃。诚如孟子所云:"大人者,言不必信,行不必果,惟义所在。"

(3)任贤能。

组织要实现自己的使命和愿景,就需要在每个关键岗位都拥有德才兼备之人,方太一直遵循"贤能上、平庸让、无德去"的用人原则。

第三篇　组织进化方法论

每一位领导者需要做好以下三个层面：

首先是求贤与能。求贤若渴，不拘一格，广纳贤才，爱惜仁才。不将个人的好恶带到对人才的识别选择中，又视人为人、尊重人的差异性，唯有如此才能吸引贤能之士共聚一堂。

其次要做到知人善任。察人识人，扬长避短，排兵布阵，人尽其才。知人是基础，要深刻了解成员的特质、优点和缺点。善任是目标，做到扬长避短、发挥优势，没有完美的个人，但可以打造完美的团队。

最后，还要能够举贤荐能。领导者要为公司关键岗位发现、培养、举荐贤能之士。

(4) 识安危。

《孙子兵法》云："先为不可胜，以待敌之可胜。"不可胜之一就是要做好风险管理。方太自成立之初就有较强的风险管理意识，追求企业的可持续经营。

每个方太的领导干部需要贯彻如下层层递进的要求：

第一要居安思危。企业经营越是顺风顺水，越要警惕风险的降临。领导者要对所有风险准确识别，分类分级，清晰阐明，如法律风险、财务风险、战略风险、运营风险。

第二要防患未然。对所有识别到的风险尤其是重要的风险都要做好预防措施和应急预案，有备无患，防微杜渐。

第三能转危为机。危机一旦发生，能够立即启动应急预案，科学冷静应对，将危险转化为机会。危机过后，认真复盘，举一反三，杜绝类似危机重复发生。

3. 勇：真修己、毅担当、果决断、拥变化

(1) 真修己。

欲安人，先修己，且要真修己。"五个一"是自我修炼的极佳法门。"真"字告诫我们修己时要有敢于向自己开刀的决心和勇气，坚持不懈，勇猛精进。

真修己的三个层面包含：

第一,立志发愿。最大的能量是立志,通过"立一个志"立定志向,静心修炼,持之以恒,成人成事。

第二,明心明理。通过"读一本经"明心明理,学习中华优秀文化,明了宇宙人生的真相。

第三,净心净意。通过"改一个过、行一次孝、日行一善"净心净意、为善去恶,去贪欲、去小我、求大我。

"五个一"是古圣先贤修炼方法的现代转化版,是学习、践行中华优秀文化的重要抓手。领导干部要认真践行"五个一",不断静心、明心、净心,成就自己卓越的领导力。

(2)毅担当。

毅担当是领导者必备的优秀品质。

方太的领导干部要做好毅担当,可以分三个层次：

首先是承担责任。居其位,安其职,尽其诚,推功揽过,践行好使命责任。作为领导干部践行好自己的岗位职责,承担好四大责任是基本要求,对待事业勤勉尽职、认真专注,同时要能够推功揽过,不要文过饰非、推诿责任。"朕躬有罪,无以万方;万方有罪,罪在朕躬"是领导者该有的气魄与格局。

其次是敢于挑战。功成不必在我,功成必定有我,敢为人先,勇敢挑战高目标。山头是用来攻克的,高目标是用来挑战的,优秀的领导者面对挑战性的目标或任务时,会有一种难以抑制的兴奋感。

再次是勇毅坚韧。锲而不舍,勇毅前行,持续担当,意志坚定。对领导者而言,一时的勇气并不难,难的是在艰难而持续的挑战面前,不改初心,意志坚定。

(3)果决断。

第三篇　组织进化方法论

领导者的决断力是决定组织效率的关键,领导者关键时刻要能拿主意、决取舍。俗话说"当断不断、必受其乱""家有千口、主事一人",都在阐述决断力的重要性。

对于一件事,做与不做往往都有道理,听取下属意见时也常有多个方向的意见,如果不能果决断,很多问题就会不断累积,最终导致事业失败。

优秀的领导者首先要能知所当断,清晰认知何时、何事需要自己做决断。

其次要当断则断,在规定期限内或按照市场和客户的特定需求,及时决断,绝不拖延。

再次要当机立断,在紧要时刻能抓住时机,立即做出决断,这是对领导力极大的考验。泰山崩于前而色不变,这才是真正的大将之风,能冷静思考并当机立断是优秀领导者的真功夫。

(4)拥变化。

唯物辩证法告诉我们,世界是变化发展的,企业当然也是在不断变化中发展壮大的。

拥抱不确定性、拥抱变化、相信改变的力量是每个方太的领导干部应当具有的信念。

首先要接受变化,能够贯彻执行、配合落实组织的变革创新。每个人都有自己的舒适区,不喜欢变化或排斥变化。领导者要认识到变革创新是企业发展的必由之路,要敢于打破舒适区,接受变化,配合变化。

其次要拥护变化,接受变化不如积极地拥抱变化。积极主动、全力以赴投入组织的变革创新,积极建言献策,提出自己对于变革创新的建议,并积极推动、贯彻落地。

最后要引领变化,审时度势、自动自发引领组织的变革创新。只有每个领导者不甘于墨守成规,不沉浸在舒适区,乐于革故鼎新,才能赢得日新月异的崭新未来。

结语

需要注意的是,方太领导力模型借鉴了西方广泛认同的领导力与管理能力的差异性,重点放在领导力而不是管理能力上。方太认为,管理能力是偏硬性、偏外显的方式与方法,侧重技能,可以通过训练的方式习得;领导力是偏软性、偏内生的特性与素质,侧重心性,可以通过修炼的方式获得。显然,西方领导力关注技能与训练,中华领导力关注心性与修炼。

在领导力的修炼过程中,我们要看到一个核心、三个维度、十二条目是一个有机的整体,需要系统地加以修炼并灵活运用,才能取得好的效果。缺一个维度,乃至缺一个条目,效果都有可能大打折扣。而方太领导力运用的最高境界莫过于这八个字:"运用之妙,存乎一心。"

消费变革下装企的最大挑战及应对策略

生活家集团董事长　白杰

生活家始终认为,家装公司应该在四大基础设施上发力,第一是供应链,包括仓储、配送、安装、维修等多个方面都要做重,因为不做重就没有核心竞争力;第二是数字化系统;第三是产业工人;第四是组织能力。

家装行业当前面临的最大的困难或挑战是"增长动能缺失",具体到消费者维度,则是"消费更理性"和"消费更多元"。

(1)消费更理性。基于当下的数字经济时代和互联网时代,消费者可从不同的渠道和途径获取"海量级"的家居信息,且绝大部分消费者已有了独立的、理性的分辨与判断能力。于是,消费者不遗余力地争取家居消费主权已成为常态。因此,简单粗暴的价格战和优惠促销等手法已不能有效地吸引消费者的注意力,更不能诱导消费者付费。只有"产品+价格+价值+情怀"的四维组合才能让消费者心甘情愿地付费,而这却是绝大部分装企的硬伤和软肋,甚至是短时间内无法企及的高度。

(2)消费更多元。当下,以家庭为单位的家居消费群体,已不再是家庭中某一个人的家居消费。基于性别、年龄、职业等多维度的差异,导致了家居消费的"多元差异"和"多元冲突"。部分装企已经认识到并致力于改善这一点,但遗憾的是,还没有找到让"多元差异"和"多元冲突"有效融合的那把钥匙。

于是,"流量难,转化更难"便成了"增长动能缺失"的第一个困难和挑战,也是最大的困难与挑战。

一、坚持"以客户为本"和"数字化转型"

1. 持续构建以客户为本的新业务

生活家以客户为本构建新业务模型,最终实现客户需求、业务生产与输出、组织协同的高效联动。在此过程中,客户需求必须是一切的开始,也是一切的终点,即所有的业务生产与输出、组织协同须以客户需求为起点和最终目标进行串联,实现价值闭环流转。

从客户需求端出发:线上线下多维链接客户,展开用户体验、营销、服务及社群运营等业务活动,由此再逐步传导到业务生产与输出端。

从业务生产与输出端出发:以更柔性的按需(定制)式生产满足千人千面的客户需求,继而以专属的方式进行输出。

从组织协同端出发:包括"组织内部协同""跨组织协同"两个维度。"组织内部协同"须考虑对行政、财务、人力资源等非业务单元进行效率改造,由此再向各业务单元和客户触点延伸。"跨组织协同"将致力于打破包括供应链上下游在内的所有组织间的壁垒,以开放的态度进行信息、数据、工具、标准的多维度的互联互通,真正实现跨组织协同。

2. 持续坚持数字化转型,夯实中台能力和基本功

生活家全力深耕数字化,要把"一切业务都数据化",无论是前台的数字化营销、流量、设计、施工、交付,还是中后台的数字化供需链、人力,生活家都进行了深度改造,以真正实现经营效率下的"精准感知,高效响应"和用户

体验下的"精准营销,更懂用户"。

为此,生活家依托平台优势,将设计营销、企业资源沉淀、施工项目管理等全链路服务相互打通,并进行线上数字化操作,提升获客转化效率和商业新增量。

通过建立业务中台与数据中台赋能整装个性化,生活家明确了个性化前服务、个性化设计服务、个性化交付服务、个性化后服务四个主要阶段。同时,在全球化仓储供应链的支撑下,依靠强大的中台能力,实现100%品牌率和100+材料类别,匹配更多家庭的个性化需求,从软装到硬装实现产品的个性化。

二、弥补组织能力建设的不足

生活家始终认为,家装公司应该在四大基础设施上发力,第一是供应链,包括仓储、配送、安装、维修等多个方面都要做重,因为不做重就没有核心竞争力;第二是数字化系统;第三是产业工人;第四是组织能力。几乎很少有家装公司在这四大基础设施上面做巨大的投入和资源倾斜。

1. 提炼出共同的使命和价值观来凝聚人心

一般来说,商业组织一旦陷入增长瓶颈,过去高速增长阶段掩盖的问题就会暴露出来,主要表现为团队不稳定及战斗力下滑。

第一,市场倒逼装企转型升级,而职业经理人偏保守,习惯按过去的套路做事,很难达成老板的预期。这种情况下,装企老板必须跟职业经理人保持充分沟通,并在利益关系和授权上做出调整,为其免除后顾之忧。如果还不能胜任,要么找到更合适的人,要么老板亲自下场。

第二,规模装企核心团队已实现财务自由,二次创业动力不足。这批人是跟随公司成长起来的,是公司最宝贵的资产,如何再次激发他们的斗志,对装企老板是一大考验。因为装企老板多是设计师或工长出身,更善于理事,不善于用人。这个阶段考验的是创始人的心力,能否在困难时期坚守初心,并能提炼出共同的使命和价值观来凝聚人心。对于道不同的人,要能果断放手。

2. 将优秀分公司的能力内化到整个集团

规模装企一般都是连锁业态或多品牌运营,最常见的问题是分公司业绩存在差异。如何将优秀分公司的能力内化到整个集团,成为规模装企二次增长的关键。

结语

当下,装修正从过去以房为中心,变成以家为中心,满足一家人的生活方式。结合生活家十三年深耕行业的经验心得,家装公司只有从以硬装为主导的"设计施工型公司"转变为主张产品化家装的"零售服务类企业",才能以专业化的产品与设计能力满足消费者对一家人生活方式的需求。

扎根上海精耕服务,做职业、专业和敬业的服务者破局存量时代

统帅装饰集团董事长　杨海

在信心大于黄金的当下,对于统帅装饰而言,"值得客户信赖,成就员工梦想"比业绩增长更能鼓舞人心。未来,紧随市场变化而动,以用户为核心,做精产品、做优服务以塑造口碑,坚持稳步、健康、可持续的发展将是统帅装饰的核心发展要义。

疫情对我们每个人、企业乃至行业的影响一定是深远的。但从长期来看,装修服务是刚需,整个行业的存量和规模不会受到太大影响,家居市场的向上发展也是长期趋势。

2020年疫情之后,统帅装饰便发现大众对居住体验有了更高的要求,越来越关注安全、环保、健康等更深层次的问题,这就要求装企从销售思维转型为服务思维,更多去关注产品品质、客户服务及可信赖品牌形象的打造。对于统帅装饰团队而言,我们要做的就是练好内功、深耕服务,不辜负客户的选择和信任。

一、持续深耕上海本地市场

2005年,统帅装饰在上海成立之初,家装行业处于起步阶段,施工技术落后,标准规范粗放,服务水平参差不齐。我认为,只有诚信经营、规范发展,客户在装修时才能更放心地做出选择。所以,统帅装饰始终坚持"负责任·做精品"这一原则,以"利他格局",为客户提供优质的施工质量和极致的服务体验,以此作为立足行业的基础。

2007年,统帅水电成立,以变革传统模式打造职业化施工团队;2017年整装品牌海域整装成立,拥抱整装趋势。2019年随着头部装企纷纷进入大店时代,统帅装饰开设多个大店,包括浦东总部旗舰店(大店)、浦西旗舰店(大店)、嘉定店(中型店),营业总面积超2万平方米,通过场景式塑造,向消费者传达统帅装饰的产品能力、整合能力和交付能力。2020年统帅装饰又引入智能家居生活机器人,开启家装智能新时代。无论如何改变,统帅装饰服务好每一位客户的初心和创造美好生活的情怀永远不会变。

如今,统帅装饰位列上海家装第一阵营,集团旗下拥有统帅装饰、海域整装、统帅水电、洲域贸易和同辰学堂等多个子品牌,产业覆盖建筑装饰、仓储物流、人才培训等多个领域。

十八年来,尽管当地很多家装品牌已经走出上海,但统帅装饰始终在上海深耕,我们知道上海的市场足够大。实际上,上海还有很多小而精的装企,它们的诚信度高,口碑也好,仍有足够的发展空间。对于上海的头部装企来说,一方面要扩大市场占有率,另一方面也要考虑能给行业带来哪些助力,能为上海消费者带来哪些价值。这两方面真正做好、做对了,才能在市场中占领先机。

未来,统帅装饰会持续深耕上海本地市场,直到上海家装市场的标准化、流程化、运营体系可以实现规模复制,我们才会做50亿、100亿的目标规划,从上海向全国辐射扩张。

二、三个标签:军队、学校和家庭

我认为,高效的管理造就高标准的服务体系,高标准的服务体系最大化成就企业价值,从而达到管理目标:员工满意,合作伙伴满意,客户满意。同其他装企相比,统帅装饰管理体系有三个标签。

第一个是军队,强调执行力。

我认为企业发展20%靠战略,80%靠执行,尤其是装修服务行业。为保证团队的执行力,统帅装饰实行军队化管理,军队文化是整个集团的精神标签。

自成立以来,统帅装饰就规划以水电为基础来打造产业化、职业化工人,将"水电"这一块做到极致,实现家装隐蔽工程的标准化、流程化、专业化。2022年,统帅水电通过职业形象升级、培训升级、工艺升级和服务升级等一系列升级行动,向着"成为中国家装界产业化工匠团队"这一愿景前进。

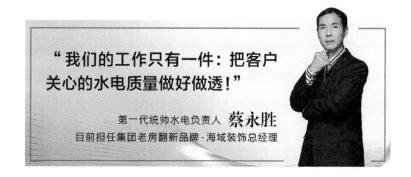

2022年5月8日,统帅水电在成立15周年之际正式提出,将打造一支中国家装行业施工领域最高水准的"特种兵"——橙色军团。十多年的军事化训练和熏陶,已将严格的制度、铁的纪律和不折不扣的执行力烙印于每个统帅水电人的心中。再次强调军队精神,不仅是对15年前初心的呼应,也是对未来的郑重承诺。

第二个是学校,提出高要求。

家装行业向来被认为是过于传统的行业,人员认知差异很大,必须把这个思维打通。认知统一,我们才可能有明确的使命和愿景,发展才有动力。同辰学堂作为布局多年的战略项目,正是集团为培养高层次专业人才、练好企业内功迈出的重要一步。

目前,同辰学堂有四大任务:第一,立足企业,把学堂打造成集团内部培养管理人才、技术人才和高素质产业工人的基地;第二,着眼行业,通过输出精品课程,分享企业经营智慧,推动行业学习热潮,共建行业发展和良好生态,实现共赢发展;第三,服务客户,精选国学课程,向客户弘扬优秀中华文化和博大的国学智慧,为客户美好生活的营造不断贡献力量;第四,胸怀天下,面向社会大众定制职业技能课程、礼仪课程、国学课程等,广泛传播中华优秀传统文化,提升全民人文素养,增强民族文化自信。

未来,同辰学堂将继续秉承"启悟心灵,福泽众生"的愿景,以"打造家装行业内特色鲜明、独树一帜的企业大学"为目标,为实现集团与行业的高质量发展贡献人才支撑,为弘扬中国传统文化而持续努力。

第三个是家庭,关爱员工。

从成立之初,统帅装饰就非常注重企业文化建设,着力进行员工关怀和团队凝聚力的打造。在日常工作中,通过关爱员工身心健康,不断丰富业余文化生活、提高福利待遇等,有效增强员工的归属感和自豪感。统帅装饰对员工的关怀计划有十条,用强执行、强管理的方式交给人事部门落实。

三、塑造职业、专业和敬业的服务者

家装行业始终是一个劳动密集型的服务行业,虽然在获客、设计、选材等环节可以开发数字化的产品作为辅助或代替,但最终还是要落实到切切实实的施工中。我认为,整个家装行业要获得良性的、长远的发展,相较于业务层面的思路转型和全流程智能化升级,施工队伍职业化的建设是需要特别注意的。

未来的装修服务,装企需要在前端、中端到后端整个服务周期,都做到让客户真正省心、放心,才能赢得市场。统帅装饰始终清晰地自我定位为服务者,通过职业、专业和敬业的服务精神塑造每一个员工。

1. 职业

过去装修行业不被人重视,我们要想得到别人尊重,就必须让自己更职业。这些年我们在这方面下了苦功夫,通过对软性服务进行职业化塑造,团队所有成员清楚并践行统帅装饰的定位,朝职业化、规范化、标准化、流程化方向努力。从管理者到基层一线,从门口保安到商务接待,每一位工作人员都以职业化、规范化的形象为客户服务。

2. 专业

统帅装饰坚持让专业的人做专业的事,制定了详细的工作标准和规范,不仅是施工管理,还包括商务接待、方案设计、售后服务等,我们力求方方面面都做到专业、极致,为客户提供值得信赖的服务。公司努力营造"崇尚一技之长,不唯学历凭能力"的良好氛围,加大对员工和一线工人的培训,让大家达成共识,更好地服务客户。凡是客户提出各种需求,员工绝不会以传统的思维方式去思考"不行""不能做",而一定会想方设法去解决,这已经成为每一位员工的服务信条。

3. 敬业

敬业方能乐业,乐业事情才会越做越好。如果不是疫情影响,统帅装饰每年都会组织员工到日本游学,去观摩他们做事的服务理念,以及爱岗敬业的程度,择其善者而从之。再结合同辰学堂传统文化培训,引导员工树立敬业精神,对自己做的事负责。

职业、专业和敬业这三个维度是我们未来家装行业必须要体现的。不管时代如何变迁,装修需求始终都有,你把眼前每一件事做好,一定会有结果。

四、不辜负客户的选择和信任

在存量时代,企业经营的核心在于用户思维、客户价值,只有脚踏实地把每个客户服务好,不辜负客户的选择和信任,才是我们唯一的出路。

作为上海头部装企,统帅装饰希望可以同其他装企联合起来,去制定、调整更多具有行业指导意义的新规范,甚至通过跨行业的力量来推动传统装企的转型与升级。这就需要加大数字化的投入,将线上与线下有机融合在一起,重新梳理生态链,通过营销端、设计端、供应链端、售后端反馈的客户需求信息,建立更具体、更精准的客户定位,从而改进现有的营销、设计、施工、服务流程,一站式打造与客户需求更适配的设计、产品与服务,让家装过程更简单、更透明,给消费者更好的体验。

在信心大于黄金的当下,对于统帅装饰而言,"值得客户信赖,成就员工梦想"比业绩增长更能鼓舞人心。未来,紧随市场变化而动,以用户为核心,做精产品、做优服务以塑造口碑,坚持稳步、健康、可持续的发展将是统帅装饰的核心发展要义。

装企高层管理者需要具备三个层次的管理能力

北京大业美家家居装饰集团总裁　王云

通过结构化思维,就能把一个表象的问题思考得更深入、更全面。结构化思维一定是总经理之间拉开距离的深层次原因。

从我在家装行业做了二十多年高层管理者的经历来看,分公司总经理,包括集团总监一定要具备三个层次的能力。如果用一个结构图展示,应该是三个圈,由内到外,最深层次也最核心的是自我管理,往外第二层是团队管理,最表层是业务管理。

高层管理者
需要具备的三个层次的能力
THREE LEVELS
OF COMPETENCE

我们衡量总经理能力的时候会先看公司业绩好不好,业绩好就说明他的能力强。

(1)有的人可能不服气,他会说,我们这个团队氛围很好,人际关系处理得也很棒,但就是业绩起不来。那这只能说明这个总经理的团队管理能力尚可,但是业务管理能力太差。

(2)也可能有人说,我作为总经理特别勤奋,从来没有休息过,但公司业绩还是很差。那说明你的自我管理能力大概不错,或者自律性尚可,但业务管理能力还是太差。

(3)还有人说,我前两年业绩都很好,但现阶段下滑严重。那是因为你前两年业务管理能力尚可,但自我管理和团队管理能力不够,导致业绩越来越差。

业绩虽然是表象,但它是一个最重要的指标,能够折射出很多东西。分析业绩背后的原因,要从团队管理、自我管理和业务管理能力去看总经理到底是哪里出了问题。

一、总经理的业务管理能力

我们先看表层的业务管理能力,怎么定义业务管理能力,那就是打胜仗、拿结果。

管理的三要素是定目标、盯过程、要结果。一般来说,总经理通常都擅长定目标,月初定目标,月底要结果。当然,其中最难把控的是过程,没有过程哪来结果,所以我们千万不要以为管理就是定目标,定激励,然后就等着开花结果这么简单,这是不可能的。

所以,再次强调管理三要素一个都不能少,即"定目标,盯过程,要结果"。

高层管理者・管理三要素
THREE ELEMENTS
OF MANAGEMENT

二、总经理的团队管理能力

如果业务管理能力提升了,是不是业绩就能跟着提升？不一定,因为团队管理也可能会有问题。

事情是靠人做的,团队管理能力首先体现在人才招聘上。我们的总经理都在当地深耕多年,在行业里也有一定的声望,招聘不是只依赖于人力,而是靠自身的影响力去吸引更多志同道合的人才。

其次,作为一个管理者,总经理需要具备识人用人的能力,就是要把这个人看明白了,然后思考怎么把他用好。看人只是一方面,看人看得好不好,透不透,最终还是要看怎么用他。

用人方面的关键是培育和激励,所有业绩能够持续上升的公司,是因为团队里人才辈出,而不是始终只靠一两个顶梁柱。一两个明星员工对于公司来说太被动,成也萧何,败也萧何。所以说培养人很重要,这里的培养不是针对一个人,而是一群人。

如果一位总经理在人才招聘、任用、培育、激励方面都很擅长,那就说明他的团队管理能力是比较好的。

高层管理者·员工培养计划
EMPLOYEE DEVELOPMENT PLAN

三、总经理的自我管理能力

业务管理是管别人,团队管理也是管别人。对于总经理来说,其实管好自己是最重要的,自我管理能力主要体现在思维认知、职业素养和职业习惯三个方面。

1. 思维认知

思维认知体现在以下两个方面。

(1)营销思维。

总经理必须知道客户要什么,然后用营销思维帮他们解决问题。除了需要我们提供装修服务的外部客户,公司所有人都是总经理的客户。总经理的第一层客户是中层干部,第二层客户是核心员工,总经理要把握好这两个群体才能让公司稳定可控。

员工有什么样的需求,是否遇到困难,是否需要资源帮助,总经理一定要想办法给员工提供服务,帮他解决问题,这样才能得到认可。没有核心员工及中层干部的认可,总经理就会成为孤家寡人。

(2)结构化思维。

管理三要素,定目标、盯过程、要结果,是把一个事情分为三层;家装三大环节,获客、转化、交付,是把一件事情分为三步。这种把大问题按照一定次序分层次、分步骤拆解成小问题的思维方式,就是结构化思维。

作为总经理,处理问题要有系统思维、结构化思维。首先必须协调好整体与局部,在众多问题中找出主要矛盾,切忌在鸡毛蒜皮的事情中消耗精力;其次是透过现象看本质,找规律。比如一个公司业绩不好,通过结构化思维,我就会分析出可能的五个原因:

①团队的状态、心态有问题;

②员工的工作习惯有问题;

③员工的销售流程有问题;

④业务员销售能力不够;

⑤公司没有好的销售工具。

通过结构化思维,就能把一个表象的问题思考得更深入、更全面。结构化思维一定是总经理之间拉开距离的深层次原因。

2. 职业素养

职业素养体现在以下四个方面。

(1) 以身作则。

作为总经理,能给中层干部带来什么?我认为就两个,即做人的标准、做事的标准。如果总经理对这两个标准都清晰笃定,那所有的中层干部慢慢就会跟你达成默契,这种有着共同信仰和价值观的团队,一定是战斗力极强的团队。

(2) 通过团队拿结果,通过结果培养团队。

要怎样培养团队?就是要通过一场又一场的实战。不可能每次都打胜仗,当打了败仗后,更应该去复盘,从而发现团队的问题,这就是通过结果来培养团队。

(3) 人心善变,人性不变。

我们说人心是善变的,往往希望越大,失望越大。但是要注意,人性是不变的,尤其是这两点:第一,人有趋利避害的本能;第二,人性中有自私自利的弱点。所以,管理就是管人性,应接受人性的弱点,坚守职业道德;利用趋利避害的本能,不违背国法家规。

(4)疑人要用,用人要疑。

是人,就会有缺点、有短板,若只看到不足,那就没有可用之人,所以疑人要用。既然人都有缺点,在其得到任用后,还要持续关注他,帮助他扬长避短,这叫用人要疑。

3. 职业习惯

(1)先看数字,再看人。

家装行业中,客源和设计部的数据是最好统计量化的,其他部门的数据也需要量化。工程部有客户投诉率、客户满意度、收款进度、项目经理回头客、工地巡检的次数和检查项目、工地环境卫生状态等量化数据;人力资源部、行政部有人才的盘点、招聘的平台数据、办公用品的采购与消耗统计,甚至公司的水、电、燃气的节约量等量化数据。

所以我们在看人的时候一定要理性分析,需要通过数据了解真实情况,切忌凭感觉去判断下级的工作质量。

(2)计划、行动、复盘、双规、闭环。

这是每天都融入我们工作与生活当中的,在这就不多说了。

高层管理者·职业习惯
OCCUPATIONAL HABIT

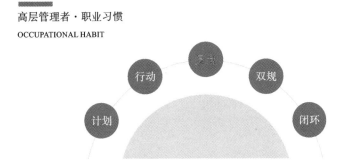

结语

在我心中优秀的总经理是什么样的？按照重要程度有下面这几点。

(1)强烈的成功欲望。

这点绝对是占据首位，只有在这个基础上才可以讲其他的，总经理如果没有这种欲望，怎么带着员工们向目标奋斗。

(2)直面问题，务实地解决问题。

总经理不要怕事，没有什么问题是解决不了的。

(3)说干就干。

做事干脆利落，不要思前想后，想到就去做，避免拖延症。

(4)死磕和坚持到底。

遇到困难不要怕，想尽方法去克服。

(5)长期主义。

在这里有一个概念是复利思维，放在工作中就是简单的事情重复做，重复的事情认真做，业绩、财富都是一点点积累起来的。

(6)持续学习。

我相信大多数人是喜欢学习的，对于学习要保持开放的心态。多读书可以提高你的逻辑思维能力；多和同事沟通交流也会得到意想不到的收获，关键是你得保持一个持续学习的心态。

以上就是我对于总经理这个岗位的一些认知。希望2023年，每个人都在认知和能力方面更上一个台阶。

产业工人运营模式思考

家装行业研究者　南唐

对于产业工人自身而言,同样要经历三次革命,从身份革命,到技术革命,再到信用革命,从原来的一个社会隐形人变成国家信用公民。

家装不是一个产品销售的过程,而是多种建材家居产品和不同工种在客户家里进行组装服务的过程,其本质是"设计＋交付"。过去很多年因为行业门槛低,且缺乏统一标准和严格监管,以家装为代表的"住"的交付满意度远低于"衣食行"这三大类行业。

家装想要发展好,除了要解决施工标准统一化的问题,更要关注工人职业化、专业化、产业化及梯队建设。产业工人跟传统工人最大的不同在于系统赋予个体极大进化。未来的产业工人将拥有统一的形象、专业的技能、规范的施工标准以及良好的服务意识,通过"人＋系统＋体制"的"组合拳"方式推动家装行业的交付变革。

对于产业工人自身而言,同样要经历三次革命,从身份革命,到技术革命,再到信用革命,从原来的一个社会隐形人变成国家信用公民。只有让产业工人得到应有的尊重,有更好的待遇,家装行业才有机会实现发展的正循环。

一、明确产业工人的基本政策

(1) 确定产业工人的基本需求点:活不断,钱安全,有尊严。

(2) 确定产业工人的基本工价和评价体系。通过打分形成不同的等级评定,高等级有额外的奖励,以及工地免检等政策。

(3) 确定产业工人的工资结算标准和结算时间,保证工钱按时到账。

(4) 确定产业工人的其他福利制度以及成长机制。如果活干得好,就有机会往上晋升,如成长为项目监理、分公司工程总经理,收入从过去的十几万增长到几十万。对于年轻的一线产业工人来说,这个通道非常重要。

(5) 成立专门的部门管理产业工人。现在交付做得比较好的公司,例如方林、爱空间都有专门的事业部负责产业工人的运营管理,让产业工人有组织,有归属感。

二、产业工人的招募

1. 内部层面

(1) 从现有工人中找到第一批种子产业工人。通过开展产业工人政策宣导课、装修技能大比武等形式,招募一批有意向的工人师傅参与产业工人认证营首期培训、考核及认证,形成第一批种子产业工人。

(2) 树立优秀产业工人意见领袖(key opinion leader,简称 KOL)标杆。通过产业工人 KOL 的打造,影响更多的工人师傅对产业工人政策产生认可。

(3) 形成产业工人裂变激励制度。可鼓励现有产业工人推荐新人加入,对推荐成功的予以一定的推荐奖励。工人一般会推荐自己认识的亲戚或老乡,这种推荐本身就带有一定的信任背书,工人质量比较高,且成本相对低。

(4)通过新媒体社交种草。在抖音、快手、视频号、小红书、B站等新媒体平台,以文字、图片、视频内容进行产业工人认证模式的宣发,影响更多的工人师傅。

(5)招募新人、培养专业人才。后期,当产业工人模式形成正向循环之后,可建立匠心学院培训基地,招聘新人进行为期1~3个月不等的专业技能培训,签订年度用工合同(合同期满后退回学费),稳定输出合格的产业工人。

2. 外部层面

(1)项目监理和质检在线下工地扫楼。通过对在建工地扫楼,与工人师傅面对面交流,宣导产业工人政策,获取工人师傅的相关信息,达成初步意向。

(2)建立私域流量池。在获取工人师傅的微信后,可建立不同工种的私域流量池,进行社群运营,通过举办一些线下的引流课、工地参观学习等方式,积极引导工人师傅报名参加产业工人认证营。

(3)相关行业的异业联盟。通过与行业协会以及相关行业,比如瓷砖、油漆、水管、定制安装等的总代理商或者厂家运营中心,共同举办一些技能比武大赛、行业讲座培训等活动,形成资源共享、行业共创的局面,共同推进产业工人模式的发展。

(4)与相关的职业院校和培训学校合作,建立人才输送体制。不定期到学校进行专业知识讲座,建立项目监理、质检、专业技工的招聘入职通道。

三、产业工人的培训认证

培训首先要有管理体系及制度流程。比如:参加培训人员的押金、考勤、奖惩等制度,还有讲师的打分制度,助教的考评制度等。

1. 培训形式

(1)线下的理论大课。理论课的培训一般采用 50~100 人的大班方式,由培训讲师根据课件内容分期进行授课。

(2)线下小班制的训练营。训练营的培训是专业工种的授课模式,通过边学边练来掌握专业知识的理论要点,以及标准的操作流程。

(3)工地现场的实操培训。组织工人到一些优秀工地进行交流和培训,让工人有熟悉感和亲切感,宣讲内容也能还原标准,更加浅显易懂,符合产业工人学习需求。工地现场的培训特别重要,是培训中价值最高的部分。

(4)线上训练营的培训。线上训练营是线下培训一种很好的补充,通过腾讯会议工具、直播授课等多种方式,能够保证培训的持续性,夯实产业工人的专业基础能力。

(5)匠心学员的回炉提升。后期具备一定基数的产业工人之后,成立匠心学院,对老工人进行回炉深造,使其提升专业能力和职业素养,增加对公司的认同感。

2. 培训内容

培训内容包括专业和非专业的知识和技能,需要根据公司的要求进行设计。

(1)企业文化和价值观的培训。任何一个组织的成员都需要有共同的目标、共同的行为准则,只有这样成员才会有较强的协同能力和生存能力。家装行业本身就是一个"产品+服务"的行业,产业工人是直接面对用户的,明白服务的价值,做好服务的每一个流程和细节,会极大地改变用户的体验。

(2)标准工艺及流程、节点的培训。只有标准化才能让效率更高,在保证品质的前提下使运营成本更低、工人收入更高。未来,当产业工人发展到一定程度,规模化的品质交付很可能成为现实。

(3)安全文明施工的培训。安全是工程施工的第一基本要素,是家装行业的标配。文明施工也是企业形象及员工素质的外在表现。

(4)先进工具和工法应用的培训。对先进工具和先进工法的培训,是让工人的效率更高,企业成本更低,行业的整体品质更高,用户的体验更好。

(5)协同工种、岗位的培训。熟悉和了解上下衔接的工种之间的关系及一些关键节点的控制,以及对设计图纸、主辅材产品知识、木作安装知识的了解,就是保证施工的延续性、稳定性。

(6)其他行业相关知识、法律、法规讲座等。

3. 产业工人认证

产业工人认证是对产业工人全面的、细致的、公开的、公平公正的标识过程,也是产业工人价值感、尊严感的一种表现形式。它既是公司对产业工人的认可,也是行业和社会对产业工人这个群体的认可。

(1)新的角色,新的标签。从培训到考核,到认证,再到注册上岗,进行100多项考核认证,最后持证上岗,这也是一种新的角色的确认。在传统装修公司干活,工人往往享受不到任何职业福利。产业工人认证模式要做的就是给工人提供一个安心的工作环境,让他们获得应有的尊重和成就感。更多的工人通过考核后进行产业工人体系认证,也是未来家装行业的标志。

(2)建立产业化的团队认证体系。要想改造传统装修,必然需要淬炼一支用真心、真诚去服务用户的产业工人团队。未来家装的落地服务会越来越重,需要建立产业化的团队认证体系。

产业工人认证模式的目标是实现家装工人的三次革命:通过身份革命,从农民工转变为工人;通过技术革命,从工人转变为产业工人;通过信用革命,从产业工人转变为信息化工人。

四、产业工人的运营实践

1. 成立独立小机构

心智模式无时无刻在影响着企业,并且一旦形成,就难以改变。所以要成立独立小机构进行产业工人运营。所谓"独立",是指要与现有组织相区隔,拥有独立的成本结构、销售渠道、决策标准、组织文化和心智模式,并不一定要在不同的地点办公,也不一定是独立的股权公司。最重要的一点是,原有组织中的项目不能与新项目争夺资源。

与此同时,新业务刚出来时,成本结构和市场规模都比较小,需要给新业务足够的时间、空间成长,所以,独立机构的规模要小,以此应对看起来很小的破坏性机遇。探索新的方向时,CEO一定要特别关注独立小机构,因为只有它们才能承担起相应的风险。

克里斯坦森在《创新者的窘境》中说:"我们还从没有发现有哪一家企业能够在没有CEO参与的情况下,成功地应对颠覆其主流价值观的变革……如果CEO仅仅把成立分支机构视为一种摆脱颠覆式创新威胁的工具,那么几乎可以肯定地说等待他们的将是失败的命运。"

2. 用MVP做市场验证

MVP(minimum viable product),即最小可行性产品,指低成本快速试错。正确的动作是首先进行需求探索,然后是用户验证,最后才是推广。

产业工人运营的MVP应该怎么做?

第一步,先进行水电方面的产业工人测试,可招募培训6个水电产业工人,一个月内拿24个工地测试,然后进行数据分析。如最多能够完成多少工地?成本降低多少?效率提升多少?用户满意度提高多少?等等。

第二步,水电产业工人数量提升5倍,达到30人,再看上述数据的完成情况,发现问题,总结经验,优化流程。

第三步,继续扩大水电产业工人的招募、培训、认证规模,优化培训课件。

第四步,进行泥工、木工、油漆、木作安装工种的MVP精益论证,可进一步细分工种,如泥工可分为基础泥工和铺贴泥工。

3. 标准化体系建设

根据国家和行业协会标准,并借鉴国外的一些先进工法,制定一套产业工人管理与施工标准的细则,比如瓦工应该怎么干活,工艺的标准是什么,产业工人可以通过小程序就能看到这些规定。标准化体系的打造就是为了让所有流程及施工服务细节网格化、节点化,最终实现效率更高、成本更低、用户体验更好。

4. 打造敏捷型组织

开始是3~5人的小团队(最好都是工人或者项目监理出身),随着工种的增加再相应地增加人员,逐步形成与业务发展匹配的组织架构,包括招聘、培训、派工、验收等基本运营部门,打造扁平化、协同化的敏捷型组织。

5. 匠心学院实训基地

匠心学院实训基地是产业工人认证模式已经通过市场验证,而且已经能够形成正向增长回路之后,为了更深层次打造产业工人认证模式"护城河"必须要做的动作。

匠心学院既是新兴产业工人的培训基地,也是老工人回炉再造的实训基地,更是新型项目管家的培训中心。作为产业工人认证模式的发动机,匠心学院是公司最核心的资产。

6. 产业工人中台建设

家装工地分散、工期长、工种多,工人管理难度随工地数量增长成倍增加,可通过开发类似于滴滴专车司机端的小程序实行产业工人在线化管理,工人可通过手机 APP 查看工地要求,可在线接单,根据要求施工,完成后提交审核,通过审核后工资直接到账,工人可随时查看接单统计及系统评价。

产业工人中台是产业工人运营模式发展的必然趋势,这种公开透明的机制会形成个人信用的积累,从而让优秀的工人得到更多派单,会促进良性竞争,有助于提升家装行业的交付水平,让客户的装修体验变得更好。

五、对传统装企实行产业工人模式的建议

一个企业的发展边界,就是创始人的认知边界。产业工人之于家装行业,如同冷链之于生鲜电商。未来的装修工人必然走向职业化、专业化、产业化。谁能让装修工人产业化,谁就能改变整个行业的生态。但装企产业工人之路是一条既脏又累、既苦又难的道路,不能一蹴而就,要注意以下几点。

1. 足够的业务量为必要条件

对单个装企来说,如果前期没有足够的业务做支撑,产业工人模式很难形成正向循环,因为工人没有足够的单量一定会想办法接私单,它的闭环逻辑就无法达成。所以前期足够的业务量是必要条件,也是基础条件。

2. 产业工人模式不能急功近利

俗话说,流水不争先,争的是滔滔不绝。产业工人模式必须要有长期思维,不能一上来就做大而全,更不能把它作为一个噱头和概念来炒作。它需要的是小步快跑,不断地试错迭代,最终才能形成"增长飞轮"的闭环。

3. 产业工人模式是一个系统工程

产业工人模式是一个系统工程,除了招聘、培训、派工、验收和认证环节,它还需要有标准化的体系建设,信息化的系统能力,以及与设计端、供应链端的高效协同能力,还包括组织、营销、财务、运营等能力。所以企业负责人要有这方面的认知和承担风险的勇气。

4. 产业工人模式也需要技术创新

传统装企做产业工人的目标是降低成本、提高效率、改变用户体验,形成自己的核心竞争力。未来的家装行业,既有管理、模式的创新,也必须要投入研发力量,进行技术创新,通过技术赋能产业工人,才能具有长期增长动力,这才是真正的"护城河"。

当然,要改变家装行业,一家公司的力量终究是有限的,需要无数的仁人志士汇聚在一起,共同把这条路走下去,这是最有价值的。

整装产品如何做好工程管理

小米优家第三方家装监理创始人　任文杰

工程管理品质的提升不是简单靠挖人就能解决的,而要在配套的组织框架和人力资源建设下,持续推动企业文化、产品、流程及制度的内部宣讲和落地,这离不开装企老板改善工程管理的决心及必要的投入。

随着家装产品迭代到了整装时代,装企也要重新思考,整装产品的工程管理该如何组织?作为一个行业老兵,我们见证了行业产品的变化,更见证了行业工程管理的变化,在此做以下观点阐述。

一、整装工程交付是"难题"

家装产品迭代到整装时代,工程交付好像成了行业"难题"。能交工的企业多,但能在交付过程或交付后创造客户口碑价值的企业少,能再把口碑转换成工程业绩的企业更少。

面对多元化的整装需求,装企想既要口碑也要业绩,那么永远离不开对人的综合管理,因为装修项目的工程管理其实就是对人力资源的管理。首先,基于产品定位,装企要有清晰的组织框架;其次,基于组织框架,装企要有明确的人员分工;再次,基于人员分工,装企要有清晰的人力资源薪酬体系和岗位作业规范,人员行动力要与服务场景相匹配。否则,整装工程交付就一定会是难题。

二、谨慎选择工程发包模型

整装产品的工程发包模型通常有以下四种:第一种,基装折算发包,主材安装给予配合费,多以项目经理责任制为主;第二种,面积核定发包,发包面积内核定工程内容,多以面积为计价单位;第三种,成本核算发包,以项目成本为核定基础结合工作量核算出发包价,项目管理者赚取溢价部分;第四种,管理发包,装企基于项目成本完成辅料供应结算及劳务组织人力结算,只是对项目管理者给予一定项目管理补助,多按平方米或按工程造价的点位结算。

无论选择哪种发包模型,都应该给劳务主体人岗位相匹配的收入,否则,私增项问题、私收款问题、私单问题等工程管理的顽疾无法杜绝。

装企是第一劳务组织者,工程服务模块需要装企赋予其内容与价值,不能将人员培训、服务流程设计等丢给项目经理或工程管家。发包模型不同,工程服务模块的人力资源配置也就不同,最终影响企业工程管理成本,因此要谨慎选择发包模型。

如果缺乏管控能力,装企切勿盲目选择产业化工人的发包模型,会增加企业产品成本和管控成本。因为产业化工人发包是基于多部门的协同,依赖项目管理者的工程组织、质量纠错等行为,不是简单地解决工人发薪问题。

三、高频工程培训赋能

工程管理品质的提升不是简单靠挖人就能解决的,而要在配套的组织框架和人力资源建设下,持续推动企业文化、产品、流程及制度的内部宣讲和落地,这离不开装企老板改善工程管理的决心及必要的投入。

工程团队建设需要装企强大的自建力,如果自建力不足,必要时可寻求第三方管理赋能,开展高频工程培训。通过对工程组织模块下的项目管理者、班组、监理、主材专员、客服等给予持续不断的专业培训、场景培训、服务培训等,可以直接或间接提升整装产品的用户体验。而要做好工程培训赋能,装企还需要将管理流程与薪资考核相互挂钩,使得培训落地。

四、工程管理梯队建设

装企要想把人留住、用好,就得做好梯队建设。在企业招聘时,一定要知晓哪些员工将来是管理型,哪些是技术型,哪些是企业老黄牛,根据团队需要及组织框架开展梯队建设。

工程梯队建设是根据装企的运营规模进行必要的工程人才梯队的排布。首先,如果没有梯队建设机制和梯队建设的氛围,传帮带就无法成型和做好;其次,还要选择好梯队建设导师或领头羊,建立相应的培训和奖励机制,高举企业文化大旗、企业发展大旗、企业价值观大旗,传帮带才不会带偏带歪,形成企业向心力。

五、健全工程数据管理

工程数据管理是将各项目的工程数据资源进行集中、集成、共享、分析的一种管理方式,是对客观工程数据的逻辑归纳,包括延期率、满意率、返工率、完工率、客诉率、优良率、回头客、不良账款率、人员异动率、工程赔付率、安全事故率、培训频率、小区工程占有率等。

工程数据管理可支撑以下管理模块:

(1)支持工程管理部门进行事务决策;

(2)有利于工程预控管理;

(3)是工程人效考评的重要依据;

(4)企业标准或培训的调差依据;

(5)有利于工程廉政建设;

(6)为效率工具研发提供必要支持。

六、注重工程管理人效

一个人干好1.1倍甚至1.5倍的事情,才能算是人效。工程管理人效低,因为没有对工程人力资源进行梳理,这是行业工程管理的通病,大多数装企把工程管理"打包"给了工程管理高层,老板只听汇报,没有进行必要的人力数据分析。

装企不能认为工程管理高层就是全能,应该懂营销、懂培训、懂法务、懂人力资源管理、懂谈判技巧、掌握专业技能、拥有职业行为规范等,行业"瘸腿"的工程管理者还是居多,所以应给予必要的管理协同,其中就包括人效管理协同,可配置几个管家或几个监理。

装企工程人效管理要做到五个清晰、六个应该、八个重要。

(1)五个清晰:清晰的薪酬制度,清晰的组织架构,清晰的盈利平衡点,清晰的产品定位,清晰的发包模型。

(2)六个应该:应该做到人效数据清晰,应该做到责权明确,应该做到考核明确,应该做好风险预控,应该做到目标清晰,应该做到流程清晰。

（3）八个重要：执行人稳定很重要，培训很重要，平行部门协同建设很重要，企业价值观传导很重要，复盘管理很重要，激励考核很重要，梯队建设很重要，淘汰机制搭建很重要。

七、平行部门协同建设

当下整装产品交付差、满意度低，大多是因为装企内部平行部门凝聚力不足，部门之间相互抱怨，相互指责。如果没有搭建沟通通路，长此以往内部人员对品牌的信任度就会降低，员工对企业的品牌都不满意，如何给客户提供更好更优质的服务？

平行部门协同其实就是装企各部门围绕客户满意度、品牌建设开展工作，比如主材安装定期复盘会、客诉处理分析会、成本测算研讨会，都是基于平行部门业务提升的一种赋能行为，也是搭建沟通通道行为。平行部门协同要形成长效考核机制，不能想起来了或遇见问题了才临时抱佛脚，为了沟通而沟通，最后开成了甩锅会。

在重点小区开发、产品研发、成本测算、前端工程技术赋能等环节工程部都有必要参与，同时根据内部业绩情况、项目施工特点、气候特点定期进行平行部门协调对接，建立装企内部快速反应机制，把部门之间的协同当成一个非常重要的长期性工作来抓。

八、关注和干预主材交付

大多数装企都是受限于材料供应商的安装、生产、加工、设计等水平，在工地经常出现责任不清、垃圾无人打扫、产品延期等情况，不能快速界定责任人。因为主材交付管理或主材交付目标不明确，往往只是通过过失罚款解决纠纷或客诉。

所以要关注和干预主材交付建设,即关注主材商的安装团队、质量控制流程和往期安装合格率、客诉率等产品表现力,同时应设定配合安装责任。如门窗口不方正,是安装时先预警再安装,还是安装后与装企形成内部拉扯,都取决于主材招商时,对主材商的安装水平及供应水平是否进行了精细评测和责任明确,主材相关服务人员是否懂工程、熟悉工艺流程。这样,主材交付或协同才可能高效对接。另外,装企主材部的属性是以销售为主还是以服务为主,其实是由该部门组建时的薪酬制度决定的。

九、必要时搭建效率工具

效率工具指装企对传统业务流程进行必要的互联网技术改造来提升效率,如建设企业的内部数据库,替代 Excel 文档管理模式,会提升工程派单管理、客情管理、结算管理、售后管理等的工程管理呈现力。无论采用什么样的应用程序,其实都是围绕工期排布、主材供应、安装测量、项目验收等场景进行搭建。

装企如果没有一定的经营规模或程序开发逻辑,不要轻易把大心思、大财力用于效率工具开发,要考虑后期校错、维护、升级成本是否在企业承受范围内。所以效率工具多用于有一定规模的装企,在必要时才会搭建。

十、工程管理复盘能力

能够认清自己为哪类客户服务,清楚自己的产品定位、操作能力和服务结果,这是装企建设竞争力的核心,而不是盲目地去模仿别人,最后忘了自己,实际上做不透也做不深。所以通过复盘来了解自己、认清自己其实才是最重要的。每一个部门、每一个人要有数据画像,以数据画像为基础定期开展工作复盘,在复盘过程中找不足,然后通过必要学习对制度和人力资源进行优化。

工程管理复盘是对服务节点、工作流程、平行部门配合、人效管理等工作的综合评测,找出行动力及流程不足之处进行纠错和提升。

工程管理复盘最难的就是给自己挑问题,不能老喊"我错了""我又错了",一定要找到根源、找对方法,不但要开方子,还要盯治疗、看疗效。一定要有问责机制,成绩差、问题多、态度恶劣、不能够适应企业品牌需求的,一定要淘汰。

客户是装企赖以生存的土壤,种什么豆,得什么瓜,取决于装企经营管理呈现水平及学习总结能力。远离客户就是远离市场判断力,所以复盘要多听客户心声,特别是装企高层或决策者要了解客户心声,这对产品定位、对品牌提升、对人力资源的管理有很大帮助。

十一、注重产品传播力建设

当下,行业线下拓客成本高,装企都在努力打通线上获客渠道,但线上获客偏向于前端设计产品展示,后端工程管理传播力相对不足,通常落入叙事主义、知识讲座、矛盾冲突或无厘头等窠臼。

改善产品传播力,是需要演员、脚本和场景设计的。其实最好的选择就是让装修客户变成主演,用真实的案例、真实的场景、朴素的语言形成证据营销,同时可打造员工营销矩阵,通过多个IP分享设计过的标准内容,形成全员营销。

总之,工程不但要干得好,还要宣传得好,通过数据分析和优化,让输出内容更精准、更专业、更能触动用户,才能形成可持续传播。

从组织逻辑的视角谈装企如何成长

管仲连子(上海)管理咨询机构董事长 周清华

组织的三因素里,组成要素是构成组织的基础,组织目标是持续牵引组织成长和取得成功的恒动力,而组织机制是"组织能力大于个人能力之和"的关键。因此组织设计和组织发展,要从着眼解放人的生产力到更多地着眼解放组织的生产力,即优化生产关系,这就是组织的逻辑。

尽管不同行业都有不同的特点,但也有共性的逻辑,尤其在战略、组织发展、赛道选择、战略人力资源、打造核心竞争力等维度,共性大于特性。

管仲连子(上海)管理咨询机构是做战略管理、组织发展以及战略人力资源管理咨询的,我本人更是聚焦组织发展(organization development,简称OD)和组织能力建设的研究,因此本文从组织逻辑的视角谈谈大企业如何炼成。

我国泛家居行业尤其是家装行业的成长发展史,第一阶段主要经历了产品线拓展和市场区域拓展等做加法的手段,以及品牌加盟、多子品牌运作等做乘法的手段;第二阶段,这两年行业里似乎形成了一个新的共识——呼唤新物种。第一阶段基本是从"营销管理"4P出发的,第二阶段是从商业模式创新进行的。这些都有非常积极意义的一面,但另一方面的事实是企业都没有很好地成长,或者说成长起来的企业太少。

本文则从一个全新的视角,即组织逻辑的视角谈谈企业(装企)如何成长。

一、组织的三因素及其逻辑

企业是以盈利为目的的组织,它具有组织的共性。在本文中有将"企业"和"组织"混用的现象。组织的持续成长有三个基本因素:组织的目标、组织的组成要素、组织的机制(流程、结构、连接方式)。

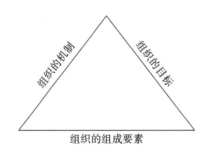

组织持续成长的三因素模型

组织的三因素里,组织的组成要素是基础,组织机制是关键,组织目标是持续牵引组织成长和持续成功的恒动力。

组织大于个人之和,组织能力大于个人能力之和,组织的机制扮演了"组织能力大于个人能力之和"的关键作用。组织设计和组织发展,要从着眼解放人的生产力到更多地着眼解放组织的生产力,即优化生产关系,这就是组织的逻辑。

如果一个组织在功能上不健全、结构不完整、机制发育不到位、没有协作关系,靠员工用心力和体力去扛业绩,注定走不远。

二、驱动企业持续成长的是组织能力

先问一个乍看不是问题其实是核心问题的问题——是谁驱动企业持续成长,直至把企业做大,做到更大、很大?

是老板(或者创始人)?或者是创始人团队?还是组织?

不同的阶段是不同的驱动者。

企业初创期,是老板(创始人)在驱动企业运行、发展、成长,老板是万能的,什么都得管,都得做,都得决策。企业在二三十号人、一两千万年营收规模(因行业的商业模式而定,有的企业可能更小)的时候就是这样的,这很正常。

当企业继续成长到达大几十号人、大几千万甚至上亿年营收规模的时候,老板一个人纵有三头六臂也顾不过来了,于是自然而然地走向了团队分工,跟着创始人打拼多年成长起来并经过了时间磨合的创业团队成员开始有了授权和分工,这个时候创业者团队一起驱动企业运转和成长。

当企业再成长的时候,创始人、创业团队都难以驱动整个企业了,这时就必须依靠"组织"了。

任正非曾经感悟说:一个人不管如何努力,永远也赶不上时代的步伐。只有组织起千百人一同奋斗,你站在上面才摸得到时代的脚。我放弃做专家,而是做组织者,如果不能充分发挥各路英雄的作用,我将一事无成。

我用一个公式来表述企业的效能,这个公式就是:**企业成功＝战略正确×组织能力**。

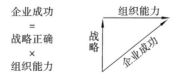

战略是大目标、大方向、大路径,战略正确之后,企业还需要强有力的组

织能力来执行战略,进行战略解码和落地。

三、通过组织设计和组织建设,提升组织能力

中国企业家开始越来越相信科学管理,近年来战略管理、战略人力资源管理、组织能力建设也比较热门。很多企业领导人意识到了组织能力跟不上企业战略发展的需要,但是一时没有想明白根源是什么,如何解决。

其实这个问题的根源出在组织设计上,战略管理、组织设计和人力资源管理是三件事。离开了组织设计,人力资源层面的努力解决不了组织持续成长的问题,大企业应该设立战略部,专门负责组织设计。

企业战略管理主要负责保证做正确的事情,组织设计负责的是如何正确地做事,人力资源管理负责的是把事情做正确。

要把组织设计这件事做好,需要一个真正优秀的 OD 或者 HRVP(human resources vice president,人力资源副总裁)。一个大企业的真正优秀的 CHO 需要用战略思维、组织发展思维、经营思维、赋能思维去设计人力资源战略和执行政策,不仅把当下 HR 招、育、用、留的事搞定,还能为企业长远发展提供组织持续成长的人力资源供给和储备。

大部分企业里制约 CHO 价值发挥的往往不是专业水平,而是战略思维、组织思维、经营思维跟不上 CEO 的思路。也就是说,不是 CHO 专业水平不行,而是思维和老板或者 CEO 在不同频道。解决方案是设立战略部,在战略部设立 OD;如果公司层面设立 HRVP,由 HRVP 分管 OD 和 CHO。

OD 或者 HRVP 的岗位人才比业务副总裁容易找,因为业务副总裁只能自己培养或者从同行那里挖,而跨行业猎取一个优秀的 OD 或者 HRVP 不难,可以使组织快速上台阶,少走很多弯路,节约大量培养和试错成本。

在找到合格的 HRVP 或者 OD 之前,或者是找到了但还需要时间去走

完和 CEO、公司高管及业务团队的磨合过程中,借用管理咨询公司外脑和 HRVP 或者 OD 一起完成组织设计的开山之作,然后让 HRVP 或者 OD 沿着这个思路贯彻和优化,也是不错的选择。

四、创始人需要进化,从创始人驱动走向组织驱动

这里谈谈创始人的领导力问题。领导力话题似乎离组织设计和组织发展主题有一点远,其实不然。

企业家或者创始人的领导力是组织有效性和一致性的核心,企业成长其实也是企业家的成长,而企业家的成长其实是思维观念的成长。如果企业家的思维不成长,企业不可能成长。企业家的心胸、格局不成长,企业自然不可能成长。

企业成长阶段论模型告诉我们,企业通常都会经过五个阶段的成长:第一个阶段是存活期,这个时期是找方向;第二个阶段是机会成长期,企业抓住了某一两个机会快速成长;第三个阶段是战略发展期,这时候有战略定位,在战略定位下实现系统成长;第四个阶段是分蘖成长期,经过了系统成长以后公司如果需要继续成长,必须给予相应业务模块独立快速发展的机会,类似树木进行分蘖一样;第五个阶段是企业成长的最后一个阶段,即所谓的外延型发展阶段,属于二次创业。

在企业从第二个阶段迈向第三个阶段的过程中需要进行第一次组织变革和组织设计;在企业从第三个阶段迈向第四个阶段的过程中,需要进行第二次组织变革和组织设计,这时通常还需要对组织进行流程再造。当企业走到第三个阶段时,也就是进行第一次组织变革和组织设计时,已经在进行从创始人驱动到组织驱动的转变。这个时候的关键是创始人领导力的进化。

领导力进化的关键是公司创始人回归组织的"理性视角",以结果为中

心,做真实的自己,建立真实的组织,理性地把公司的管理权威从初期的传统型权威、魅力型权威转向法理型权威——依靠组织流程和机制驱动组织,尤其不要把公司当成"家",不要带有太多感情色彩和个人风格色彩。

这个时候组织的创始人需要从抓业务、抓客户、抓管理转向抓制度、抓流程、抓机制建设;从思考产品到思考人;从经营客户到经营组织。这个时候需要创始人"勒住"自己的欲望和路径依赖惯性,放下创业初期"争强好胜,争当第一"这些成功法宝,要敢于"无我"。这个阶段创始人最需要的是建立组织驱动的思维框架。

阿里巴巴 CEO 张勇说:企业一把手最不能推卸的是商业设计和组织设计。

我就用这句话结束本文。

PART 4

第四篇
稳健经营实践录

装企反规模效应,爱空间这样破局

爱空间联合创始人 辛益华

为了让家装消费者在不确定的行业获得靠谱和省心的服务体验,爱空间以标准化为核心,先后探索产业工人模式,自建仓储物流体系,打造信息化系统,建立职业管家团队,用比较重的、相对控制力强的方式来突破行业的反规模属性,为构建开放、协调、互联的生态系统打下了基础。

有的行业,企业规模越大,边际成本越低,效率越高,规模效应就越明显;有的行业,企业规模越大,边际成本反而越高,整体效率越低,呈现出典型的反规模效应,装修行业便是如此。装修业务的复杂程度使得装修行业天然具有反规模属性,区域市场的差异性也让装企在全国扩张中经常水土不服,很多装企曾经做到一定规模,要么持续不久便开始收缩,要么直接关门跑路。

家装行业如何突破反规模效应?爱空间的破局思路是将装修公司变成技术公司,核心是以信息技术为底层将多种要素连接及管控的"操作系统"能力。这种改变,就像马车到汽车,汽车到火车,虽然都是交通工具,但已经是不一样的类型。我们来看改变之后,过去影响装企规模扩张的要素有什么不同。

一、直管产业工人，施工更加可控和高效

家装施工多采用分包模式，施工过程不可控，施工效率低，而且工地一多就容易出问题，成为装企反规模效应的主要形成因素。

爱空间提出产业工人模式，通过去工长化，将游击队、包工头统一收编为直管工人，然后建立了一套完善的工人培训体系，通过中国安装协会认证的培训后，"普通工人"逐渐变成有着过硬技术的"产业工人"。

产业工人模式的改变体现在三个方面：

第一，重建施工人员利益结构。之前施工的利益是由工长管控的，工人收益也由工长决定，所以施工质量主要取决于工长的能力，交付存在很大的不确定性。通过去工长化，装企能直接管控工人，招聘、培训、派单、考评等都有标准，管理的"颗粒度"更细，工人也更加专业。

第二，重塑施工组织结构。去工长后，工长的管理角色被职业化的管家替代。管家不需要去找订单，也不用找工人，只需要在系统支持下专注做好服务，从材料进入工地开始，负责协调各工种和相关方，全程监管工期和质量，以及响应客户的所有问题。

第三，信息化赋能直管工人。只有拆分成足够细的"颗粒度"，整个装修才能标准化。爱空间将工人分成 16 个工种，然后根据施工流程，不同工种的工人分批进场施工，流水线作业。而要实现直管工人规模化，没有信息系统支持，也是做不到的。

这样，不管工地有多少，每个工地是谁在干，是什么样的人在干，干得怎么样，在爱空间都是可控的，而且是很细"颗粒度"的可控，这才是产业工人模式的关键。

二、自主仓配服务,构建长期核心竞争力

家装供应链的传统模式是主材代购,这种模式下,一方面容易出现退换货造成的人等材料现象,导致工期延长;另一方面如果出问题容易出现各方推责情况,影响用户体验。

为了确保材料品质和保障工期,爱空间是少有的从一开始就坚持建立自主供应链的装企。供应链的稳定和可靠会直接影响交付品质和用户体验,也是规模装企构建长期核心竞争力的关键之一。

爱空间建立自主供应链的好处有三个:

第一,材料成本低。爱空间不光自己建仓和配送,还自己做安装。这样,品牌商只需要提供材料,不用做地板、橱柜安装等服务,加上规模直采,爱空间的材料成本相对其他装企就低。

第二,品质更可靠。所有材料都要经过爱空间自己的品控后入仓,然后才配送安装。

第三,工期有保障。爱空间的所有项目都是在施工前一两天把材料送进去,永远是料等人。开始施工后,工人不用等材料,16个工种流水线作业,整个工期就很紧凑,所以爱空间能做到新房装修工期仅为33天。

三、闭环信息系统,对业务链全流程赋能

爱空间是以颠覆者角色切入装修行业的,天然具备的技术基因,不断迭代的运营模式,让其看起来更像一家科技公司。从3人团队打磨付款功能开始,爱空间历经八年所打造出的"魔盒"系统不断完善,已完成3个APP、19个系统的无缝对接,囊括装修过程中业主所需要处理的各项事宜和大小问题,实现了数字化对业务链全流程的赋能升级。

中台系统覆盖到全服务链上的各个环节,全面打通三个端口的底层数据库:

第一,用户端。爱空间APP让客户可以进行电子量房、电子排雷、电子签约、进程播报、打分评价等操作,体验到省心装修的质感。

第二,产业工人端。熊师傅APP可以完成上班打卡、抢单接活、任务查看、工作播报、工资结算的行为,对工人流程进行推动和督导。

第三,运营管理端。爱聊儿APP是设计师、项目管家、工程经理等14个职能角色的"超级工作台",保障爱空间各部门之间沟通配合顺畅。

另外,不同于以线下获客为主的传统装企,爱空间线上获客占比超过一半。装企扩张的核心能力之一是总部对地方的流量赋能,这样新扩张的门店不用从零开始构建获客能力,显然爱空间是有这个能力的。当然,有流量赋能的能力,不等于就可以忽视本地化,还需要在产品设计交付等各个方面做很多前期准备,包括材料的迭代和优化,以求更符合当地特色和市场需要。爱空间将2023年定义为"整装年",要做到品类更加齐全、一站式更加健全、一城一策尽快普及。

四、提升个体价值,构建可扩张组织体系

对个体价值的评价和利益分配,体现了一个公司的价值属性。如果客户投诉工程质量问题,在传统装企从工人到管家再到设计师可能都会受到惩罚;但在爱空间,第一反应是为客户解决问题,第二反应是找出公司运营的纰漏,修补系统漏洞,避免类似问题发生,而不是去追究到底是谁的责任。

爱空间面对问题随时调整的机制,让它的组织更开放,也更灵活。开放意味着生态的延展性,灵活意味着在迅速变动的环境中有更强的生存能力。

管中窥豹,从产业工人、到仓配一体化、再到信息系统,其实都是一种机制管理,它让每个模块从独立运行的系统变成协同关系,从而不断放大个体

的价值,这个组织也就更有价值。这体现了一个敏捷型组织能快速迭代的基因。

结语

九年来,从标准化硬装到一体化整装零售,爱空间经营的原点始终未改变,就是解决装修行业的不确定性。为了让家装消费者在不确定的行业获得靠谱和省心的服务体验,爱空间以标准化为核心,先后探索产业工人模式,自建仓储物流体系,打造信息化系统,建立职业管家团队,用比较重的、相对控制力强的方式来突破行业的反规模属性,为构建开放、协调、互联的生态系统打下了基础。

疫情后是存量博弈的时代,流量成本、经营费用越来越高会成为装企的常态,市场资源逐渐向头部企业集中,行业的反规模效应正在被打破。

东易日盛破解规模瓶颈的两大关键

东易日盛董事长　陈辉

数字化不只是工具，它带来的是生产力的变革。当组织红利消退，无法吸纳更多优秀人才时，沉淀在数字化里的组织力和运营能力将是企业化解人才风险的系统性能力。

作为中国第一家上市的装企，东易日盛一直备受行业关注。但2018年后集团营收遇到增长瓶颈，东易日盛常被当作家装"大行业，小企业"的典型案例，我们也深感责任重大，一直在思考和探索破局的方法。

当前，行业主要面临两大问题：其一是随着竞争加剧，几乎所有装企都加入价格战行列，低毛利如果不是建立在效率提升、成本下降的前提下，结果就是损人不利己；其二是企业人才匮乏、效率低下，团队人心浮躁，做事粗放，进而影响交付品质，导致恶性循环。

东易日盛的应对策略也是两点：第一点，基于设计基因和上市公司的品牌优势，做好差异化定位，扬长避短的同时尽量避开中低端市场的价格战；第二点，持续推进数字化转型，通过全线打通的数字化系统来降低家装对人的依赖，大幅改善运营效率的同时给用户提供更多好的体验。

一、定位：做中高端个性化定制整装

早在 2015 年，东易日盛就推出过互联网家装产品——速美超级家，主要针对的是 60～120 平方米主流户型客群，推出 899 元/米²（环保全包）和 1299 元/米²（无毒定制）两款套餐产品。最开始是采用落地服务商模式，品牌、产品研发、供应链、数字化业务系统由公司控制，服务商仅负责落地实施，项目完工后公司与加盟商进行服务费结算。

但在实际操作层面，有的服务商落地服务能力不足，签单难以完成指标，或者存在走私单的情况，使公司难以达到计划规模，这块业务就一直在亏损。从 2017 年下半年开始，公司陆续关停一些不达标的服务门店，同时在具有 A6 业务的城市开设速美超级家直营店。虽然之后营收能力有较大改善，但增长速度始终达不到预期，同时低价格的套餐产品做不了个性化设计，抹杀了对家居的审美需求以及对品质的追求，终究是过渡产品。完全以价格为导向，市场竞争会越来越激烈，而且规模大了一定会碰到标准化和个性化的冲突。于是 2021 年我们关掉了增速达 70％的速美业务，不再做中低端的套餐家装。

至于高端别墅市场，做的其实是圈层，靠的是个人能力和关系，更适合以工作室的形式开展，可以全身心投入，三年不开张，开张吃三年，但很难做出规模。在确定企业战略时，没有规模的、不能解决可复制性的业务我们不考虑。

而理想的整装是以设计引领的，涵盖生活方式、家居文化以及审美品位的产品化家装，要给客户一个完整的家装，既跟传统家装三边工程（边设计、边采购、边施工）不一样，又跟套餐截然相反。不仅要有个性化设计，还要有确定性的价格，价格是跟着设计的变化而变化的，基本上第一时间就能确定，而不是慢慢在装修过程中不断加价。

最终,我们把自己定位在中高端个性化全案家装,主要服务对设计有要求且消费能力较强的,想省事的"80后""90后"新生代消费人群。定位一改变,我们在设计和供应链方面积累的优势就能发挥出来,加上数字化系统越来越成熟,运营效率大幅提升,工期缩短1/2到2/3,由于垂直供应链的大规模使用,我们的价格反而有了优势。未来一定是品质与价格有机结合的企业主导市场。

所以在面对恶性竞争时,我们要坚守自己的定位,围绕目标群体做价值交付,而不能为了短期利益稀释品牌价值。

二、数装:没有数字化支撑的整装就是空中楼阁

数字化不只是工具,它带来的是生产力的变革。当组织红利消退,无法吸纳更多优秀人才时,沉淀在数字化里的组织力和运营能力将是企业化解人才风险的系统性能力。

过去30年,装企都是粗放式经营,本质上还是靠人,组织架构、奖惩机制和企业文化等在不断完善。东易日盛从1997年就开始做家装,20多年下来这方面基本做到了极致。要提升管理的效率,必须靠数字化,打通整个业务流程,进行精细化管理,降低对个人的依赖,这样未来才会有巨大的提升空间。

再者,现在家装行业的满意度很多是客户妥协后的满意度,通常都是有问题但装企认错态度好。整装想要做出规模,必须围绕用户体验这一核心,通过数字化全线打通系统,实现从效果图、报价清单、施工图的一键导出,这样用户体验好、决策快,我们施工也快,品质更稳定。而且,数字化装修(简称数装)系统越成熟,SKU越多,对比传统模式优势就越大。

东易日盛从2014年在A股上市后就开始了数字化转型,从设计软件开始,延展到施工交付的管理,再到工厂生产的数字化,物流仓储配送的数字化,最后回过头来又做了营销的数字化。经过多年打磨,东易日盛的数字化

装修系统已经成型,能够实现整装业务各运营环节的全面在线化,即产品、服务、客户、员工、管理全面在线,实现业务运营数据化。客户不仅得到有价值的东西,而且得到高性价比的家装体验。

在东易日盛的超放心新零售大店,数字化装修系统可以通过五步给消费者提供个性化、一站式、全透明和高性价比的整装服务,真正实现所见即所得。

第一步,星耀20 APP提供海量大师案例,用户能从中找到适合自己的风格。

第二步,4D云设计系统,产品库跟线下打通,当天即可完成精准效果图,可一键导出报价,跟最终的报价八九不离十。

第三步,导入裸眼VR云台,客户和设计师一起,穿越到客户未来的家里漫游,而且材质可随手替换。

第四步,DIM+深化设计系统,通过3D透视线路图,使得隐蔽工程看得见,精准报价无增项,预算100%可控。

第五步,通过星耀20客户服务APP,客户在开工之后可足不出户,实时掌握最新动态,有问题可在线反馈。

确定方案的过程中,客户可以到新零售大店里面去观看实物,有储物柜、浴室柜、衣帽间这种局部实景,也有像瓷砖、洁具这样的实物单品。看后如果不喜欢,可以在云设计系统中替换,换完以后又可以回到虚拟空间整体环境里去体验,不喜欢再回来选。通过这种自由穿越式的体验,让客户在决策时真正做到不后悔、不留遗憾。

目前,东易日盛的数字化变革已经跨上了快速发展的轨道。在数字化变革中东易日盛实际要完成两方面的转变:一是从产品能力到系统能力的转变,二是人员意识与能力的转变。这个过程中,老板是灵魂,要处理好转型中的博弈问题,员工不爱学习的问题。另外需要注意的是,没有全线打通的数字化,还不如没有,就像高速公路一样,中间断掉了,容易出大问题。

作为一个理想主义者,我就想做好家装这一件事,梦想成为大行业里的大企业。东易日盛的数字化装修系统全面落地后,下一步就是带领整个家装行业进行数字化变革,为更多的消费者提供跨代式的价值。

如何突破家装交付瓶颈，
进入高质量发展阶段

点石家装集团董事长　袁超辉

家装行业的本质是服务，管理的原点必须回归以人为本，持续打造逾万产业工人是点石不懈努力的方向。

有数据显示，整个装饰行业，包括精装修、装企和"装修游击队"，用户满意度不足5成，实际可能更低。因为家装经常出现效果不可控、过程不可控，甚至总价不可控的情况，交付品质很难保证。我们干了快25年，仍有很多问题没解决，但每克服一个行业难点，为业主解决一个痛点，都让我们团队很有成就感。

要提升用户满意度，需突破家装交付瓶颈，关键还得在两个方面下功夫：一是品控，可通过产业工人机制提升交付品质及规模交付稳定性；二是工期，通过建立数字化体系进行精细化管理，保证项目按时交付。另外，整装已成为行业趋势，家装和定制的融合能够从设计阶段开始为用户提供整体方案，也是改善用户满意度的关键。

一、产业工人改革势在必行

中国绝大部分装企还是劳务分包机制,即项目经理机制,弊端是有目共睹的,工长任意调配一个工人,或者是在路边找一个一般的工人都可以。这样的施工队伍,技能参差不齐,缺乏服务意识,管理难度很大,交付品质难以保证。

高质量发展阶段,产业化施工是趋势。产业工人的好处在于统一进行专业培训,统一安排业务,有利于工人之间竞争成长、优胜劣汰,从而提升施工品质,最终改善用户口碑。

很多企业都在做这种尝试,但目前成功的不多。点石也是摸索了很久,我们发现首先和公司的规模有关系。如果公司的规模不大,做起来就简单一些;反之,就要注意新旧机制转变过程中的利益再分配问题,处理不好组织内部会不稳定。其次,还跟公司的业务量有关系,业务如果不稳定,工人收入少,就会接私活,又回到项目经理机制。

总之,家装行业的本质是服务,管理的原点必须回归以人为本,持续打造逾万产业工人是点石不懈努力的方向。

二、数字化管理让交付更可控

数字化可以赋能传统装企管理精细化,不仅能实现企业与业主双方的信息同步共享,也能更好地把控工地,保障施工质量,缩短整体的交付周期。

装企公司运营模式不一样,要求的精细化就不一样。如果规模不大,买一个标准版系统就可以用。反之,公司可能需要固定的研发团队,同时和相关科技公司合作维持一个标准化和个性化相结合的数字化体系。无论何种规模的装企,数字化的运用是必须加快的。

首先,设计端的数字化改造升级势在必行,因为关系到获客转化。其次,后台的数字化体系可能还需要去注入企业自身的内容,否则产品差异化是没办法保证的。

2021年,点石开始数字化管理升级,从前置服务的精准需求定位,到设计阶段的精准报价与全案定制,再到施工阶段的数字化管理交付,通过数字化平台将标准化、精细化贯穿装修各环节,尤其是贯穿施工全程的工地移动可视化、工人派单流程化、材料管理可控化、工资结算标准化、客户反馈透明化。

三、定制与家装的多维融合

过去家装和定制是分开进行的,装企长于硬装施工,定制长于空间设计,但因为没有进行整合,双方在设计和施工上可能产生冲突,装修业主最后往往多花钱还得不到满意的效果。反之,如果双方融合得好,一定会提高交付品质。

我认为,融合其实是分成几个维度进行的:第一,定制品牌商与装企的销售融合,即在设计阶段将定制品牌整合进家装方案,在一定程度上解决了硬装和定制的匹配问题;第二,自有工厂和个性定制的融合,即装企通过自建定制工厂的方式打通硬装和定制的底层数据,因为没有第三方介入,设计施工的一体化程度更高;第三,板材商和工厂定制的融合,即板材商向定制部件商转型,根据定制需求加工板材,向装配化方向发展,材料利用率更高。

为加速融合,点石在全屋定制领域与6家定制大牌达成深度合作;在工业化领域,自有7万平方米的家居产业园,可实现涵盖橱柜、衣柜、书柜、木门在内的木制品全屋定制。再结合点石25年来打造的完备的供应链体系,可对基材、主材、设备、家电等进行一站式整合,满足个性化整装需求。

结语

2022年是不平凡的一年,可能也是装企最困难的一年。后疫情时代,家装行业正在从快速发展阶段向高质量发展阶段转化。

但无论如何,家装行业发展的关键始终在于更好的体验与更高的效率。基于此,点石秉持做深、站稳、做透的经营理念,短期内坚持在华中和华南地区精耕细作,持续优化管理,提升交付品质。目前,点石已拥有直营门店76家,直营规模居华中地区首位,领跑湖南中高档及别墅装修市场。

2023年,点石将继续以"为中国打造千万幸福家"为使命,在7大维度的高标准推进下,共同构筑起覆盖装修全流程的全维品控体系,进一步提质中高档装修,为业主提供更优质、更放心、更愉快的家装服务体验。

今朝深耕老房装修,稳健增长的九字诀

今朝装饰集团董事长　戴江平

谁的准备工作做得更充分、企业战略定位更加清晰,谁能够给消费者提供最齐全的产品、最优质的服务,让消费者最满意,谁就会在竞争中占据优势地位。

持续三年的新冠肺炎疫情对家装行业影响很大,尤其是2022年,今朝门店近四个月无法正常经营。因为2021年底准备充分,一季度实现了开门红,加上2022年整装服务升级提升了均客单值,最终得以稳住全年业绩,较很多装企业绩的大幅下滑而言已经很不错了。而在2021年及之前,今朝业绩增长多年维持在20%以上。

在这个充满不确定性的时代,装修行业加速洗牌,是什么在推动着今朝一步一步地稳健增长?我总结了"方向明、思路清、产品全"九个字。

一、"方向明":战略清晰,深耕老房装修领域

今朝从2008年率先推出老房装修业务,之后便一直在这一领域深耕。

先后出版发行了《中国老房装修标准指南Ⅰ》和《中国老房装修标准指南Ⅱ》，奠定了今朝业内"老房装修专家"的地位。未来今朝将以老房装修、适老装修、巧装家社区化运营作为公司发展的三大核心战略。

1. 老房装修

当前今朝的老房装修业务几乎占到90%，给消费者的感觉也是"今朝装饰做老房装修更专业一点"，品牌认知已经建立起来了。围绕老房装修个性化整装定制需求，过去几年今朝不断加速家装及供应链整合与升级，先后打造今朝老房装修设计创意中心（2019年）与今朝老房装修整装体验中心（2020年），为消费者带来沉浸式家装体验。2022年今朝又做了三个场景馆：老房装修智慧馆、老房装修生态馆和老房装修功能馆。功能馆从消费使用需求、实用功能角度来思考产品；生态馆是把家放在海滩上或者森林里面，在家就可以享受室外生态环境的感觉；智慧馆方面，今朝与华为合作，从灯光到声响、从厨房到客厅都是智能的。

2. 适老装修

2035年左右，中国将进入重度老龄化社会。对老人居住空间进行"适老化改造"，通过对老人居家环境的重新设计、产品的更新升级、监测以及安防设备、设施的安装以及配备生活辅助器具，缓解老人因生理机能变化导致的生活不适，最大限度地为老年人的生活提供方便和安全，是居家养老必不可少的一环。今朝装饰作为国内适老装修理念的传播者及践行者，自2018年便着手建设"适老装修"体系；2019年设计和落地1∶1实景适老装修标准体验中心，同年首发适老装修标准；2021年又发布《中国适老装修指南》一书，填补了行业空白，为家装行业开辟了新赛道。

破局思维：中国整装零售经营管理评论

3. 巧装家社区化运营

巧装家社区化运营是以"社区服务店＋线上平台"的模式打通社区"最后一公里"，通过扎根社区提升用户黏性，构建家装服务闭环，破解获客难题。目前巧装家社区服务店辐射北京主要城区，坚持每年举办"社区公益行"活动，涵盖卫生间马桶维修、墙地砖勾缝、给排水检测等11项便民服务，贴心服务社区百姓。

二、"思路清"：文化务实，驱动企业稳步增长

1. 无极致不活

老房装修较新房装修要更加复杂，用户的个性化需求更多，比如，如何合理处置分配老家具，如何把新的家具融入进去，都是很棘手的问题，需要产品设计师和家装设计师在设计层面把所有的环节考虑周全。

细节决定成败，极致决定出路，不做到极致，就没有活路。从品牌运营到产品管理到安装售后服务，每个节点、每个环节、每个步骤都要有极致的思维。只要把每一个细节工作都做到极致，无论市场环境如何变化，都能保

证业绩的增长。"无极致不活"的思维认知促使今朝的员工努力工作,更好地服务消费者。

2. 小工长制

今朝能够做好老房装修的一个重要原因就是人才结构不同,今朝是小工长制,而且很多工人跟随企业多年,大大增加了企业的稳定性和长期性。过去 24 年的沉淀,造就了今朝低调、务实、勤奋、以人为本的企业文化。

当外部压力大时,我们会从企业内部来思考,站在员工的角度来思考企业的发展。要设法疏解员工的焦虑心理,调动大家的积极性,让他们对未来充满希望,能够更加开心快乐地工作,这样才能带给客户更好的产品和服务。

3. 稳扎稳打

一直以来,家装行业的特点都是可复制性差、过度依赖人,所以今朝没有进行大规模的开疆拓土。现在,今朝只在除北京之外的六个城市(天津、石家庄、太原、西安、合肥、唐山)开设了分公司。相较于盲目扩张,今朝更希望能把现有分公司的产品质量和服务水平提高,精耕细作,不断完善,做到跟当地头部企业相媲美的程度。

当然,整装产品的可复制性高一些,随着整装模式的不断成熟,未来装企的扩张难度会小一些,速度会快一些。届时,我们才会考虑进一步扩张。只有稳扎稳打把现有城市的服务做好,真正为老百姓解决装修问题,今朝才能走得更远。

三、"产品全":模式多元,逐步提升整装比重

针对老房装修特点,今朝采取多元化产品策略,有局装、套餐、自选和整装四种模式可供选择,不同模式互相搭配,足以覆盖大部分消费者的家装需求。

当下,消费者的消费习惯和思维都发生了本质的改变。未来消费者追求的一定是更加简单、便捷、省事、省心又超值的整装模式,家装公司的业务一定要朝着这个思路转变,转变不一定求快,可以渐进式地发展,但是方向一定要对。整装通过增加服务范围、服务量以及服务价值,能让客户获得更全面、更便捷、更舒心的服务,进而提升客单值,实现业绩增长。2022年今朝整装业务比重提升到三成左右,同时带来客单值增加,才使得公司用更少的时间追平上一年业绩。

目前,今朝的整装主要分为三个板块:定制化整装、基础化整装、装配式整装。定制化整装符合当下市场需求,我们在思考如何把定制化整装融入运营体系里,从运营方面开始着手,把客单值做大,把服务做全、做好;基础化整装相对省事,装修公司把所有的产品整合到一起,通过规模集采给消费者让利;装配式整装难度比较大,还需要继续探索。

未来的整装,所有的厂家都是服务商,家装公司的任务就是把资源整合到位。从单一的产品变成整装产品,从单一的服务变成整装服务,从单一的销售转变为整装一体化销售,所有的资源整合在一起,产业链与服务时间大大延长。总之,整装就是要用科技的手段、更好的工具把复杂的问题简单化,要让产品变得简单,让家装变得可复制。

结语

疫情后消费预期开始好转,但存量市场的竞争也更激烈。最终考验的就是企业在战略、文化、产品、设计、流量、供应链、门店、管理等各方面的综合实力。谁的准备工作做得更充分、企业战略定位更加清晰,谁能够给消费者提供最齐全的产品、最优质的服务,让消费者最满意,谁就会在竞争中占据优势地位。相信随着时间的推移,消费者和行业都会慢慢发现今朝的产品价值和优势。

区域头部装企在城市扩张中
如何规避经营风险

岚庭集团董事长　江涛

企业在扩张前期冒的最大风险就是人才成功率低带来的经营风险,人才成功率不应低于40%。

企业在本地做到一定的规模后,自然会思考向全国发展。因为全国市场规模更大、机会更多,员工发展通道更良性,企业也能吸引更多优秀人才加入。但是过去20年,家装行业走向全国的企业也出现不少问题,原因是这个行业是高度依赖人的重服务行业,难以标准化,在城市扩张中对总经理或操盘手的能力要求很高。因此,装企的城市扩张,必须建立在总部经营管理模式较成熟的条件下,即提升服务的标准化和稳定性,降低对人的依赖。

成熟的经营管理模式要求设计、供应链、施工能有效整合,三位一体,可持续发展。设计要考虑供应链的能力和施工的水平,不能为了签单给后端埋雷;供应链要根据设计选材和施工进度进行调度,不能让设计师和工人无材料可用;施工要保证设计落地,在供应链出现问题时还能灵活调整保证进度。

设计、供应链和施工三者通过有效的管理工具协调作业,实现家装产品的稳定交付,通过可靠性塑造品牌,积累口碑,最终实现企业在单一地区的可持续发展。在这个基础上进行城市扩张,企业总部的经营管理模式复制成功的可能性才大。

有很多企业在城市扩张时还是以流量为主导,为了签单不计成本,设计与后端脱节,供应链成本增加,交付问题不少,使得后期回款慢、客户体验差、负面评价多,影响前端获客,失去造血能力,导致全面崩盘。

规避城市扩张中的经营风险,以下几点需要注意。

1.通过信息化系统梳理和把控流程

城市扩张实际是基于本地成功经验的体系能力的输出。

过去家装管理都是靠人,没有系统支持,总部积累的经验难以复制,分公司业绩差异很大。因为无法管理到末梢,就难免出现设计师吃回扣、产业工人落地难、供应链沟通效率低等问题。

岚庭的全国化初期发展做法是通过几个新建的分公司快速地暴露问题,发现问题,把问题充分展现出来,然后通过信息化软件设定解决方案,用数字化方法去做分析、做决策、做执行。如管理层、设计师、销售、工程项目经理及工人在软件设定的考核周期内,没有完成既定的最低任务指标,系统会自动执行总经理应该做的决策,避免遗忘或情感方面的管理执行问题。在数字化参与的管理过程中解决了所有流程审批、指标考核、数据分析问题,工资、提成自动结算发放。工程按指标自动分配,工程进度自动化,材料配送自动化,工人调度进退场管理看板、家装全业务流程分析管控看板清晰展示。完善的集团数字化建设,可以将总部与分公司发展过程中出现的重复性问题、上下信息数据不一致的监管难题、分总个人工作色彩差异化、分公司脱离总部标准体系等问题全面逐一杜绝。企业以全国统一标准推行才能够得到持续发展,消费者对品牌的体验感才会一致,家装这个靠人的传统服务行业才有机会实现真正的全国化、平台化发展。

总之,只有通过信息化系统才能管到业务末梢,总部的经验才能持续稳定输送给分公司,从而降低对人的依赖,人才队伍年轻化的同时,也能提升管理效率和交付稳定性。

当前,市场上有众多家装设计工具和 ERP 软件服务商,装企应结合自身需求进行二次定向开发,在本地市场不断完善其业务流程的信息化,做到真正提升内部效率,才能在城市扩张的过程中给企业注入足够的动力。

2. 重视人才梯队建设

开拓一个新城市,一般需要对外输出高层进行管理,这个时候要考虑人才的储备和输出的质量。一方面,不能因为人才外派影响总部的业绩;另一方面,要考虑外派人员的岗位适应能力。否则,人才输出有可能导致总部业绩下滑,并且外派也难以成功,造成双重损失。

很多企业会考虑用外聘的方式解决人才不足的问题。但不管是内部培养还是外部引进都有成功率的问题,如岚庭第一轮扩张前储备了 50 人的分总队伍,几年下来大部分人都被淘汰,最后剩下 10 人左右的队伍,淘汰率很高。所以说,企业在扩张前期的最大风险就是人才成功率低带来的前期经营风险,人才成功率不低于 40% 才能够控制住扩张中的周期亏损风险。

如何提升人才在城市扩张前期的成功率?给员工相对较好的待遇自不必说,重要的是给大家更多的发展空间。岚庭计划在省会级城市成绩不错的公司推出多个产品定位有部分差异化的子品牌,省会级主品牌负责整个后端和流量管控,子品牌负责前端建设,这样可以降低对总经理能力的依赖,子品牌的总经理更容易取得成绩,子品牌总经理在一定时间取得一定成绩后可以推送至其他省会城市去拓展新的市场,并且这样的品牌矩阵更具备人才梯队建设和市场存活能力。对于企业人才建设来讲,内部培养和外部引进都重要,只是两者之间的差异较大,培养和引进一定要有两套方案和两套思路。

3. 注意不同地区供应链差异带来的风险

家装有明显的地域特性,一是不同地区用户偏好的装修风格和材料可能不同;二是建材的物流成本高,不同地区的建材企业生产分布明显不同,比如很多建材企业集中在福建、广东、浙江等省份,南方和北方的物流成本就相差很多。带来的问题就是供应链成本、交付周期和交付稳定性都会受到影响,同总部所在地的情况可能有不小的出入。

所以在城市扩张时不能想当然,要认真分析主流客户群体的家装需求,权衡供应链成本,如主材的选择、渠道的选择、仓储的选址、备货周期的设定等,以及产品定位,针对不同地区可推出差异性的产品套餐。

4. 仔细测算目标城市的合规成本

凡事预则立,在进入新的城市前,要对整体的合规成本进行仔细的测算,看是否能稳健经营,否则也会出现不合规带来的经营风险。

城市不同,合规成本自然也不同。一方面是店铺租金、工人工资、供应链成本都会有出入;另一方面,不同城市行业竞争态势不同,有区域龙头的地区,不合规装企的生存空间会越来越小。所以,得看公司的合规成本在当地是否有竞争力,避免在混乱的市场中被不合规的企业逼入恶性竞争。

最后,装企发展到一定规模,会自然地从地方走向全国。这个过程中,每个阶段的战略需求不同,对装企实力的要求自然也不同。只有软实力和硬实力都足够强大,装企总部的经营管理模式在全国城市扩张时才更容易复制。

装企实现单个小区产值过亿的六字心经

幸赢装饰董事长　杨林生

"四品"即品牌、品类、品项、品质,通过聚焦高端小区"品类"和公寓房"品项",深耕小区楼盘。由于少就是多,品类越小、越专注、越专业,成功的机会就越大,所以幸赢专注细分市场,发挥高顶尖优势,聚集力量做到"品质"第一,成为细分领域高认知度的"品牌"。

尚海郦景是浦东标杆性楼盘,是针对白领精英和企业家等改善型的高端社区,2015年10月首次开盘,2016年创上海楼市销售面积和销售金额"双冠",是不折不扣的"网红大盘",也是幸赢装饰2019年10大重点楼盘规划之一。2019年,幸赢实现尚海郦景单个小区产值过亿。

很多同行问我:"尚海郦景是上海知名的高端小区,均价超过13万,很多业主都是身家过亿的大老板,一般都喜欢找香港等国际知名品牌的装修公司,你是怎么搞定的?快分享一下!"其实,幸赢能拿下这一高地,并创造单品突破、产值过亿的行业纪录,得归功于"**利他、聚焦、极致**"的六字心经。

一、利他

稻盛和夫曾说:"以利他心度人生,能增强人的成就感和幸福感,最终福报会回到自己身上,对自己同样有利。"想客户之所想、急客户之所急,真正从客户立场思考问题,全心全意帮客户解决问题,才能赢得信任,才能达成合作。

幸赢通过"九步营销心法"打造利他模式。

第一步,组建社交群。社交群是实现沟通互动和增进黏性的最好方式。一种是社区群,幸赢通过线下活动、线上论坛等多种形式吸引业主关注、扫码,组建了尚海郦景社区群,并在群内定期分享装修设计趋势、材料鉴别、第三方监理等装修相关干货;另一种是工匠群,幸赢通过每日培训和红包提问等形式帮助工匠提升服务能力。

第二步,设计方案速递。针对尚海郦景的每个户型,幸赢都会做10套装修设计方案并印刷成册,名为《我的尚海郦景》,然后快递给业主,方便其了解和选择。

第三步,每月线下活动。幸赢每月都会举办一场线下主题活动来增加黏度,比如"学装修看工地""参观材料商工厂",等等。

第四步,每周实时直播。幸赢每周都会在小区现场直播户型讲解,还通过定制宣传片《我的尚海郦景》,促进业主对幸赢的了解。

第五步,把营销交给客户。幸赢通过营销活动寻找并锁定30个目标种子客户,通过其案例扩大幸赢品牌的知名度和影响力,实现客户转介绍。

第六步,群主推荐和免费设计。通过群主挖掘和开发,每个户型将选出1户作为代表,由幸赢免费为其设计。凡是参与互动和入围者,幸赢会送上精致的入围邀请函和鲜花,并合影留念和拍摄视频以广泛宣传。

第七步,深层对话和方案PK。幸赢通过与每个户型的代表进行深入沟通,凡是建议或意见被采纳的业主都能得到奖励;幸赢为入围的不同户型业主代表规划和定制设计方案,由业主携带方案参与"尚海郦景户型设计方案PK"活动,并由行业资深设计师专家打分点评。

第八步,免费专业验房活动。幸赢专门配备了6位验房师,每天上午9点都会准时抵达楼盘现场,携带验房工具箱,免费陪业主验房,帮业主找出新房存在问题和隐患。同时,幸赢还提供免费"节点验收",凡左邻右舍有求必应。

第九步,免费装修讲座沙龙。针对客户对装修可能存在的问题和困惑等,幸赢定期举行"免费装修讲座沙龙",不仅有装修干货分享,还有礼品和下午茶,以及《磐石工法》样册,等等。同时,幸赢还开通了施工工艺线上沙龙。通过线上线下活动,幸赢与客户建立了有效的沟通和互动渠道,从走近到走进,为以后的合作奠定了基础。

《道德经》云:"既以为人,己愈有;既以与人,己愈多。"马云曾多次说过:"企业要想成功必须有'利他'思想,未来的经济一定是利他主义的经济。没有任何一个消费者,会忍心拒绝一个真心为他好的人。"

二、聚焦

我还依稀记得,第一次物理课上纸片被经过凸透镜的阳光点燃的实验,从那一刻,我开始意识到聚焦的力量,无论个人还是企业,只有目标聚焦才容易成功。世界上没有奇迹,只有专注和聚焦的力量。幸赢是如何通过聚焦实现单点突破的?

首先,幸赢深度聚焦"七大服务",并努力做到极致,营造巅峰的客户体验。

一是暖心服务。幸赢会针对付过意向金而未合作的客户统一发送短信:"您好!我们有缘无分,当您在装修期间无论遇到设计、施工、材料问题,欢迎随时骚扰我们,乐意为您提供服务,希望我们的专业能帮助到您。"同时,针对付过设计费而选择他人施工的客户,幸赢会组织设计师、部门经理和总经理持续提供3~5次的工地巡检服务,并实事求是地反馈施工所存在的问题等。

二是免费服务。在新房交付15天内,幸赢每天都会组织6人验房团队,免费帮助业主进行验房、拍照及视频传播等服务。

三是贴心服务。幸赢针对已找好装饰公司的业主,更要贴心服务,建立好口碑。

四是机会服务。幸赢对已经选择其他公司装修的业主,如果家里出现问题,幸赢乐意提供帮助。

五是教育服务。客户所在意的就是幸赢所关注的。通过视频传播"幸赢钻石工艺",包括129个施工工序、9项施工工艺细节、31项专属工艺、37项工艺技术专利……并图文并茂讲解细节。

六是监督服务。幸赢每半月都会组织召开工程部施工现场会议,大家一起现场"找碴"。我认为,装得好何必修。通过现场找碴、过五关斩六将,从而做经得起推敲的装修。

七是定点服务。小区定点2人,每天巡视工地,监督材料管理、工人着装、现场环境和工程监督等。

其次,幸赢通过"六大创新举措"提高曝光率,增加客户黏度。

第一,幸赢与尚海郦景开盘同步推出的"免费专业验房活动"已抢占先机,受到了广大业主的关注和认可。

第二,幸赢举办了"乐咖杯"精品户型设计大奖赛。针对尚海郦景不同户型的样板房广泛征集优秀的设计方案,并邀请特聘装修专家、沪上著名设计师以及50多位尚海郦景业主现场打分评选,分别从原始图、平面布置图、铺贴图、效果图、预算、设计说明、主材采购指导、智能化配置方案等进行全方位解读和点评,最后选出三套细化样板间设计方案并落地到三户业主家

第四篇 稳健经营实践录

庭,活动全程直播,并将获奖作品在各大网站进行宣传。

第三,幸赢携手香港斐格设计共同打造尚海郦景的样板房。俗话说"百闻不如一见",只有客户真正看过样板房、体验到装修效果,才能感受到装修的内涵,所以,样板房是装修公司最好的"形象代言人"。幸赢的样板房不只是让客户体验到最后的装修效果,还推出装修过程全程直播,从开工仪式、进场保护、隐蔽工程、施工过程到最终效果呈现和交付仪式,360度无死角呈现,并每天接待20个客户到施工现场参观,客户可以参与改水改电、吊顶防水、铺地贴墙、做柜刷漆的每一个过程,通过线上线下全程体验,让客户在视觉、听觉、味觉、嗅觉等各方面全方位体验幸赢的装修方案,从而形成对幸赢的充分认可。

第四,幸赢携尚海郦景业主代表考察材料供应商。幸赢组织业主代表团对供应商进行实地考察,参观制造工厂、加工原材料和制造工艺等,不仅能让客户从源头感受到产品品质,帮业主选择到更有保障的装修材料,确保装修品质,还能向厂家争取到集采的最优价格。业主们对幸赢的无私付出和贴心服务很是满意。

第五,幸赢工程队是一道亮丽的风景线。尚海郦景社区的环境优美,幸赢工程队的加入使得社区更具生机和活力。清晨迎着朝阳,一群人面带微笑、着装整齐、整齐划一地跑在尚海郦景社区美丽的道路上,刚劲有力的号子声回荡在社区上空。从此,尚海郦景多了一道亮丽的风景线。

第六,不合格砸掉重新装,幸赢用态度和服务打造好装修。为了让业主对装修质量放心,幸赢主动邀请业主、业内专家、行业媒体等进入工地现场进行地毯式搜索,只要发现有不合格的产品或不过关的施工细节,幸赢不仅会当场拆掉重做,还会奖励发现问题的人。幸赢追求的质量是100%,我们仍有需要提升的空间,只有做好每一个细节,才能让我们的客户放心和安心。

三、极致

《寿司之神》这部纪录片讲述了日本"寿司之神"小野二郎的故事。在小野二郎的世界里,每一道寿司都是一件艺术品,从食材到配料,从拼盘到上桌,每一个细节都要力求完美。他曾说:"我一直重复同样的事情以求精进,总是向往能够有所进步,我继续向上努力达到巅峰,但我依然不认为自己已臻完善,我要一生投身其中。"

一个小小的寿司却被做到如此境界,真的令我肃然起敬。把一件事做到极致,就是工匠精神。"磐石工程""钻石工艺""七星级服务"就是幸赢对极致的最好诠释。**秉承"人无我有,人有我优,人优我强"的理念,幸赢坚持做"别人做不到的"。**

(1)别人做不到的"四步四级"分阶段验收。工匠自验,以工匠精神查盲点;项目经理自验,必须按照工程设计图纸和技术组织施工;质检验收,工程质量检查验收;第三方监理公司验收,幸赢付费。四步四级,层层把关。

(2)别人做不到的"地毯式找碴"。不怕"找碴",是为了遇见更好的自己。每隔15天,幸赢就会组织45个项目经理,对所有尚海郦景在建工地找碴,进行地毯式搜索,不放过任何一个盲点。

(3)别人做不到的"阳光服务"。幸赢倡导阳光透明大行动,对所有在建工地,无论是同行还是业主,只要发现问题拍照并发送至幸赢客服或是我的微信,就能得到200元的红包奖励。

(4)别人做不到的"郑重承诺"。幸赢的材料工艺以"幸赢-尚海郦景29号201室"为参考标准,只要发现有不匹配、不吻合或不达标的现象,就必须砸了重装。

(5)别人做不到的"高管巡视"。幸赢建立了完善的多维立体式巡检机制,而且我本人80%的时间都在尚海郦景进行工地巡视,手机24小时畅通,有问题可随时反映,随时约见。

(6)别人做不到的"小区服务站"。幸赢在尚海郦景社区设有"小区服务站",有设计师和工程质监等人员现场办公,方便业主及时咨询和沟通。

以"利他、聚焦、极致"六字心经为基石,幸赢坚持差异化营销战略,创新提出"单点击破"策略,即通过"四品"上下驱动和深度聚焦,实现单点突破。"四品"即品牌、品类、品项、品质,通过聚焦高端小区"品类"和公寓房"品项",深耕小区楼盘。由于少就是多,品类越小、越专注、越专业,成功的机会就越大,所以幸赢专注细分市场,发挥高顶尖优势,聚集力量做到"品质"第一,成为细分领域高认知度的"品牌"。

一家互联网公司如何做好家装？

一起装修网董事长　黄杰

很多公司出现问题，其实是计划没有做好，供需没有匹配好。所谓供需匹配，是指流量的供给、人的供给、产品的供给等要与订单的需求相匹配，这需要颗粒度极细的管理，而且要确保每年都要匹配好。

一起装修网跟其他装企最大的不同是，其本质上是一家互联网公司。基于互联网基因的迭代能力和用户第一的服务意识，是我们最大的优势。从最初的建材团购开始，到2016年正式开展家装业务，再到2022年实现自营装修业务回款达到12亿，我们始终专注于用互联网思维解决家装痛点。

后疫情时代，家装进入存量竞争时代，很多装企受困于不断增加的获客成本，持续经营面临挑战。关于装企如何破局，我想结合一起装修网的经营做一些经验分享。

一、流量本身没有价值

一起装修网最开始就是做流量生意的，从2009年到2015年底，主要业务是通过家装论坛、装修知识库等引流,然后组织大型建材家具家装团购会,给品牌、装修公司分发流量,每年举办超过 300 场团购会,长期合作的知名品牌超过 2000 家。

但后来我们发现,流量本身没有价值。**在整个装修产业的价值链当中,流量只是手段,如果最终没有为用户提供价值,你的模式就不可持续。**一方面,获得一个客户的流量成本会越来越高,规模越大,边际效应越低;另一方面,只是靠贩卖流量的生意,很难形成护城河,一旦有更大的聚合平台出现,很容易被打倒。

为了构建自己的护城河,一起装修网基于流量和选材方面的优势,在 2016 年拿着 2 亿元 A 轮融资推出自营装修业务,开始打造家装 O2O 闭环。我们不主张快节奏发展,口碑的重要性永远要大于交付量,之后再去合理扩张。稳中求快是前提,流量能力、团队能力和交付能力要相互协同往前发展,一层一层往前发展。

二、构建以交付为中心的企业文化

施工交付落地一直是家装行业的痛点,一起装修网从做整装开始就制定"All In 交付"战略,围绕消费者装修的全生命周期搭建服务体系,将工程质量放在首位,严抓工长和主材商管理,提出 17 项必砸违规工艺,启动总裁巡检,优化施工管理流程,通过线上智能管控,服务透明化、智能化和协同化。

其中,工地巡检是一起装修网日常工作的重点,我们所有的创新都来自巡检时与客户的沟通和客户反映的问题。工地巡检不仅我亲自在做,分公司总经理、工程部总监、交付部总监带领的巡检小分队每周在全国工地开展常态化巡检。通过树立注重施工交付为核心价值的企业文化,我们把对施工交付的关注和追求,转变成公司每个员工自觉的行动。

家装本质上还是做服务，要让用户感受到省心、放心、便捷和品质。一起装修网以"这里的天是业主的天"为行动纲领，始终在追求更好的用户体验和更高的运营效率。每个工地都会有一个专属微信群，里面除了一线的服务人员，还有总经理、设计总监、工程总监和交付总监，基本上客户的问题在微信群里可以得到很好的沟通和处理。客户在装修过程中有四次对设计师、工长、主材员及监理的满意度考评，对于评价不合格的人员，我们将予以降级处罚。

三、稳健经营保增长，精细化管理出效率

一起装修网能保持稳健的增长，一是过去踩了很多坑，吃一堑长一智；二是前两年做了足够的积累，厚积才能薄发。如果没有疫情，一起装修网2022年的预期增长率是100%，由于疫情的原因只实现了35%，这不是突然发力的结果，增长都在计划之中，重点是按计划执行。

很多公司出现问题，其实是计划没有做好，供需没有匹配好。所谓供需匹配，是指流量的供给、人的供给、产品的供给等要与订单的需求相匹配，这需要颗粒度极细的管理，而且要确保每年都要匹配好。也就是说**人力、流量、产品、交付、信息系统这五件事要同步进行，可以不完美，但一定要同步，不能有的太早有的太晚**。这种不匹配长期存在就会形成结构性错位，错位造成低效，最终导致装修公司失去竞争力，很难实现可持续增长。

想要做好匹配，我们就要抓住一些核心指标，如毛利率、人效和转化。通过数据分析和经营验证，我们认为**当前装企要实现稳健经营的第一条就是"守住毛利率，不打价格战"**。家装消费者对价格其实不敏感，多一万少一万对决策影响并不大。但对装企来说，维持必要的毛利率，才有能力提供更好的服务，团队才能相对稳定，人效和转化才可控。在低频、非标的家装行业，打价格战一定是损人不利己的。因此，我们坚决不打价格战，努力提升

服务质量，避免陷入恶性竞争。也正是因为坚守毛利率，同时稳步推进供需匹配建设，才能实现产品单价、营收规模和用户满意度的同步增长。

在规划落地时，还需要系统化拆解和精细化管理。一起装修网每年7月就开始规划第二年的业务，包括业绩、订单、流量及转化率，影响转化率的人员、流程、产品等，全部细化拆解。其中，流量匹配在前一年的第四季度就要确定非常细的计划，比如新媒体直播的排期表、支撑点、流程环节有哪些需要改进等，所有计划全部按照倒计时开始运行。这种计划其实对于管理要求非常高，只有这样才能保证优质的流量储备。

另外，一起装修网可以说是家装行业运用数字化系统最透彻的企业。即便如此，系统最终还是要人去用，家装行业对人依赖度高，团队不是系统能取代的。为此，我会亲自面试新员工，去年一年面试了600多人，既包括北京总公司的岗位，也包括各地分公司的岗位，甚至包括客户服务岗。

接下来，一起装修网的主要精力还是会放在补短板上，如展厅的打造以及相应的财务模型验证，进一步提升经营的稳健性。只有短板都补起来了，我们在流量方面的优势才能真正发挥出来。

新竞合时代,头部装企拓展增长空间的战略思考

沪尚茗居董事长　徐华春

聚焦单品牌还是多品牌运营的问题,最终还是要回归到企业持续发展的角度上来思考。每家企业的基因不同,适合的发展道路也不同,关键要在竞争中找到自己的优势并持续强化它。只有把自己置身于市场竞争中,经过方方面面的PK,你才会发现自己真正的优势。

地产预期下行和疫情冲击背景下,2022年上海的装企营业额基本都是下滑的,有些企业甚至腰斩,行业洗牌在加速。但对于头部装企来说,其实仍有巨大的增长空间。以上海为例,我们估算现在前30强装企份额还不到15%,分到单个头部装企,份额没有超过5%的。不仅上海如此,全国其他大中城市也是如此。

家装行业已经进入"战国"时代,竞争会越来越激烈,能不能突围出去,在2025年甚至更远的时间里,持续占领一席之地,这对头部装企来说也是非常大的挑战。诸如企业未来走向何方、与谁竞争、如何持续打造竞争优势等战略问题,是每一个头部装企负责人需要认真思考的。

对沪尚茗居而言,品牌运营模式、整装新零售、数字化转型和深耕顾客

口碑这四个方面是我比较关注的。

一、聚焦单品牌还是多品牌运营

首先,无论是聚焦单品牌,还是多品牌运营,行业内外都有很多成功的案例。

先看行业内,爱空间过去几年经历了快速向全国扩张又拉回来做深耕,依然聚焦单品牌运营;圣都 2021 年被贝壳收购后在全国市场一路高歌猛进;尚层则专注别墅大宅市场,去年增长也很快。这几家是聚焦单品牌的代表装企,它们是把自己的品牌定位和精准市场确定以后,专注于自己擅长的部分,获得的收益和企业的成长都不错。同时我们也看到,老牌装企如东易日盛、业之峰、上海聚通等的多品牌运营也做得不错,旗下各品牌在试错过程中逐渐可以相互借力、协同发展。

再看家电行业。方太、老板都是单品牌运营,多年来两家一直在竞争,"龙虎斗"反而提升了消费者对厨房品质生活的向往。海尔是多品牌运营,其子品牌卡萨帝不论从产品、价格、服务还是品牌营销,都在对标西门子这样的高端品牌,也得到了消费者的认可,前几年家电下乡的时候,海尔用统帅品牌打入农村市场,品牌形象也得到巩固,现在又推出三翼鸟品牌,瞄准智能家居市场。

通过上述案例,我们发现重点其实不在于品牌的数量,而在于单个品牌的差异化竞争能力。这些品牌都有准确的定位,有产品跟定位呼应,有支撑这个品牌的各种抓手,成功抢占了消费者的心智,让消费者只要想到这个品牌就认可它。比如消费者选择北京全包圆,不是因为业之峰,而是对全包圆品牌定位的认知,是他们觉得需要这样的服务和产品;又如方太品牌 Slogan 是"因爱而伟大",同样一款单品,消费者看到品牌是方太,潜意识就会觉得高端。因此,方太洗碗机一年可以做几十亿的产值,这是品牌差异化带来的价值。

聚焦单品牌还是多品牌运营的问题,最终还是要回归到企业持续发展的角度上来思考。每家企业的基因不同,适合的发展道路也不同,关键要在竞争中找到自己的优势并持续强化它。只有把自己置身于市场竞争中,经过方方面面的PK,你才会发现自己真正的优势。比如头部企业在资金规模和客户认知方面存在优势,还是以上海为例,新品牌想参与竞争,让消费者知道你是谁,一年不投入一亿以上的广告费,消费者一点感知都没有。

二、新竞合时代,拥抱整装新零售

自2015年创立至今,沪尚茗居根据时代的发展与消费者审美的升级,持续在产品与服务上更迭优化,核心价值就是从客户出发,站在客户的角度创造产品。

2016年9月,沪尚茗居率先在上海成立全屋整装实景体验中心,采用"实景体验+明码标价"的模式,通过上百套不同风格的实景样板间,让装修的设计、材料、工艺看得见摸得着,提前让顾客体验装修后的效果,有效避免设计图与实际装修后的差距。除此之外,我们在工艺与质检方面也不断精进,现已拥有新一代茗匠工艺与18次质检验收,以更高的要求与施工质量保障装修的效果,打消客户的后顾之忧。

不仅如此,我们还提出"3免6包9不限"(3免即免设计费、免管理费、免保洁费;6包即包建材、人工、家具、灯具、橱柜、卫浴;9不限即地板、瓷砖、吊顶不限面积,开关、插座、灯具不限数量,电线、水管、橱柜不限长度),致力于简化装修流程,解决行业增项痛点,改变人们对家装的负面印象。几年过去,沪尚茗居在上海做到十几亿的规模,口碑回单也优于同行,成为可信赖的家装头部品牌。

疫情这几年,传统经销商渠道受到重创,装企也都在设法降本增效,装企和材料商便越走越近,装企成为重要出货渠道,同时整装的效率和体验也越来越好。而作为头部装企,我们的核心是要围绕客户需求去创造价值。所以,我们一方面制定了更严格的标准去筛选供应商,保证材料的安全与品质;另一方面,与一线建材和知名家具品牌的合作进一步升级,为客户打造一个完整的家,放大客户的价值。只有立足于为用户提供超预期的产品与服务,建立良好口碑,才能拉近与消费者之间的距离,在激烈的市场竞争中才会占有一席之地。当然,不管是和上下游的合作,还是跨界合作,都需要我们有认知上的突破。

基于整装的发展,是要注入新零售的概念。到目前为止,全国的材料商很多,同质化也非常严重,所以新零售要创造差异化产品,把我们整装的优势和价值在新零售的过程中体现出来。所以,不单是材料商的产品,可能更多是以C端客户为核心,与品牌商共同打造市场需要的产品。只有比普通卖场的零售产品更有优势,才可能在新零售的版图里突出重围,赢得消费者的青睐。

总之,一方面,竞争日趋激烈,我们要保住自己的现金流、备好粮草;另一方面,要回到商业本质,通过加强跟上下游企业的合作来降本增效,给客户提供更大的价值。

三、加快数字化转型,持续创新交互场景

新冠肺炎疫情影响深远,世界经济复苏乏力。在这样的境况下,数字化经济突飞猛进,成为经济复苏的推动力。因此,中国正全面加快传统产业改造升级,以推动社会经济高质量发展。家装行业受市场的影响,也开始在数字化转型的道路上前进,随着基建的不断完善,家装行业的数字化已经从概念进入实操阶段。将该技术赋能于设计、体验、服务、施工、售后、运营管理等"全链路"模块中,打破行业的数字化壁垒,串联家装服务的重要环节,让

数据流动起来,用更高效、环保、便捷、清晰的链路,加强线上体验与互动,第一时间了解并满足客户需求,从而在新一轮科技变革中实现家装服务新升级。

其实,早在疫情前,沪尚茗居就开始布局数字化战略,以客户为中心创立家装数据库,调研人群偏好,研发符合当下审美和需求的新一代样板间;从原来只能线下体验,到如今随时随地线上逛百套VR实景样板间,并引入云设计系统;从单一的传统媒体投放,到以精准数字营销为驱动;从以线下为主的渠道销售,拓展至各大流量平台的线上直播等。并且,沪尚茗居持续创新交互场景,打造新一代沉浸式家装体验,大幅提升与客户的线上互动,以便更清晰快捷地了解客户诉求,让消费者足不出户也能轻松搞定装修。

沪尚茗居的数字化转型已取得阶段性成果,2021年线上获客开始发力,公司当年营业额实现翻番。2022年3、4月,上海疫情封控持续一个多月,线下门店全部停摆,沪尚茗居因为提前布局线上业务,有效降低了封控带来的损失。

目前,家装行业的数字化路径正在变得越来越清晰,如何可持续、更高效、场景化地满足客户需求,便是家装数字化转型的关键所在。沪尚茗居将围绕客户价值,持续创新交互场景,用数字化的管理优化家装体验和交付品质,进一步提升客户满意度、控制碳排放、提升能源效益、带头促进家装行业向绿色可持续的方向发展,让顾客真正享受到"好装修,不麻烦"的家装体验。

四、深耕用户口碑,践行社会责任

家装是一个深度服务消费者的行业,信任是合作的基础。作为头部装企,要更加积极地承担起社会责任,响应市场的号召,发起并参与各项惠民服务,与消费者建立更深层次的交流,增加彼此之间的信任感,最终建立起口碑,形成一个良性循环。

比如,今年沪尚茗居与治愈系空间改造电视节目《小家大作》进行战略合作。节目是以一辆"小家大作"设计装修快闪车为载体,在市区多个商圈进行房屋改造招募,共遴选出 10 户有代表性的真实案例,邀请知名设计师免费设计,由沪尚茗居负责装修改造,为这 10 个家庭完成对于小家的梦想。我们做这个节目的初衷很简单,就是想通过生动的节目形式,把我们对家、生活、空间和艺术的全方位研究,以及对家装交付品质的专业管理展现给更多的消费者,践行"让每个人都能创享崭新生活"的品牌使命。

随着生活品质的提高,大到整个空间的设计、装修风格,小到一件装饰品,人们对生活美学的追求在家居中表现得淋漓尽致。要知道我们大部分人都是普通人,对于房屋装修与设计的关注点还是以实用与性价比为主。基于这样的市场现状,我们对于《小家大作》的定位更贴近大众需求的生活空间改造,以创意和实用性为核心看点,不是以极致的居住困难为改造痛点,而是以提高生活品质、提高大众家居审美为目标。《小家大作》针对不同家庭和不同房型改造需求的分析、环保建材的挑选、装修知识的普及,也能被同类房主所借鉴,让更多的家庭轻松收获值得参考的家居方案,具有一定的普遍价值和样本意义。

大家居时代,随着更多的企业加入一站式整装赛道,装企的内卷似乎不可避免,但这并不是一件坏事,因为企业之间的良性竞争可以有效提高家装的产品质量与服务体验。不论时代怎么改变,消费者对"美好家"的向往是永恒不变的,我认为只要心中装着消费者,能深度洞察并解决消费者当下的需求,并结合自身的基因打造适合企业的差异化核心竞争力,企业就能在时代洪流中站稳脚跟。

未来,沪尚茗居将继续重点开展以"建立用户口碑为核心"的战略规划,持续为消费者提供超预期的产品与服务,在设计、施工、选材、售后等各个环节严格要求自己,将高质量要求落实到每一名员工、每一处细节,提升交付品质,让消费者真正享受到"好装修不麻烦"的家装体验,并持续打造品牌口碑,提升品牌价值,发挥行业示范作用,一起创享崭新生活。

PART 5

第五篇

行业创新在路上

产业互联网背景下,装企规模突破的新机会及五个新趋势

知者研究

家装的难点在于调和用户个性化需求与稳定交付之间的矛盾。问题的核心还是标准化体系的缺失,从获客到签单、从设计到施工,有太多环节影响交付的稳定性。这就需要对整个流程进行梳理和分解,在每个节点建立标准,加强监管,这是一项复杂的工程,小装企很多时候无能为力。

中国建筑装饰协会住宅产业分会数据显示,2022年家装行业产值下滑近10%,仍有2.6万亿的规模。但行业发展已近三十年,龙头装企市场占有率仍不到千分之二,"大行业小公司"的态势仍未改变。

可喜的是截至2023年9月中旬,贝壳整装事业线合同额已经破百亿。贝壳整装业务包括被窝家装、圣都装饰、贝壳精工装及团装。贝壳整装成为家装史上第一个破百亿的企业。

一、为什么家装行业需要百亿级大公司?

1. 用户需要确定的产品和服务,更好的家装体验

近10年来,我国有1.3亿农业转移人口和其他常住人口在城镇落户。

第五篇　行业创新在路上

到2022年末,全国常住人口城镇化率达到65.2%。伴随着中国城镇化的快速推进,万亿级的家装市场吸引着形形色色的人和组织进入这个行业,基于家装低频、非标、高客单的属性,以及相对滞后的行业监管,家装行业长期低效、无序竞争、乱象频出,用户体验很不好。

2015年"互联网+"给家装行业带来了所谓的"标准化"。但一切只是看上去很美好,选择有限的低价套餐并不能满足用户的个性化需求,最终演变成了流量争夺战,加剧了行业的恶性竞争,也进一步透支了用户的信任。

三年疫情中,房地产下行,家装行业也开始进入存量竞争时代。根据统计局数据,2000—2022年中国商品房销售面积累计达236.16亿平方米,按住宅占8成和90平方米/套折算就是2.1亿套的存量住宅,若以二十年翻新一次的频率算,往后每年都有超过1000万套住宅需要重装,市场容量超过万亿。

后疫情时代,高质量发展成为关键词,家装直接关系到老百姓的居住健康和舒适度,是美好生活的重要支撑,用户需要更多能提供确定产品和服务的百亿级装企。

2. 行业需要龙头带领,走出营销驱动的恶性竞争

家装行业的变革需要足够的驱动力,当多数企业无利可图时,变革就会开始。

当下,装企获客成本不断提高,主要原因其实不是市场萎缩,而是用户不容易被忽悠了。其一是毛坯房总量在减少,未来更多的需求会来自存量翻新,而这部分用户很多有过被坑的经历,不容易被欺骗;其二是自媒体时代,信息越来越透明,"90后""00后"逐渐成为家装消费主体,装修前会多渠道比对信息,装企单纯靠营销玩套路会越来越难。

同时,家居建材企业也在凭借品牌、渠道和规模生产能力试水家装业务,尽管在交付上有短板,但也在一定程度上挤压了装企的生存空间。除此之外,家电企业、互联网平台、设计公司都想从中分一杯羹。在交付稳定性没有明显改善的情况下,家装业务已经是一片红海。

家装的难点在于调和用户个性化需求与稳定交付之间的矛盾。问题的核心还是标准化体系的缺失,从获客到签单、从设计到施工,有太多环节影响交付的稳定性。这就需要对整个流程进行梳理和分解,在每个节点建立标准,加强监管,这是一项复杂的工程,小装企很多时候无能为力。

因此,就需要行业龙头站出来,推动行业标准化体系建设,整合产业链相关资源,推出高于行业平均水准的家装产品和服务。当行业有了标杆,变革就会加速。

3. 优质建材和部品企业需要高效、稳定的家装渠道

作为低频消费的建材,用户对其差异和好坏并不了解,通常是在设计师或工长的推荐下采购,或者直接交给家装公司解决。于是,家装公司成为建材的重要销售渠道。而且有一定规模的装企都是从厂家规模集采到仓,是去中间化的,给到用户的价格较传统渠道至少低1/3,性价比高还省事,所以部品企业家装渠道销售比重在增加。这两年,方太、德尔地板、TATA木门等头部品牌纷纷拓展家装渠道,同圣都、点石、业之峰等头部装企达成合作。

百亿级规模装企的出现,对优质建材和部品企业是好事。首先是采购规模更大,长期合作也会降低交易成本;其次随着合作深入,反向定制也会让建材企业更了解终端需求,进行定向研发,有利于提升产品竞争力;最后,规模装企增加,行业将更加规范,对劣质建材企业会形成一定的挤出效应,如同前些年小米、荣耀手机出来后,山寨机很快就出局了。

二、阻碍装企做大的三座大山?

1. 重度依赖人导致的规模不经济问题

规模是否经济要看规模增加能否带来平均收益的扩大。对于高度标准化的汽车、手机等行业,规模生产会分摊研发和固定成本,降低单品生产成本,而且产品品质可控;但家装重度依赖人,每一次项目都需要在众多环节反复沟通和磨合,不必要的内耗会导致管理费用随规模增长同步增加。

不解决标准化和信息化协同的问题,家装就不能降低对个人的依赖,就会导致规模不经济,规模越大,组织、管理及运营难度越大,风险越高。

2. 营销驱动带来的劣币驱逐良币

链家创始人左晖说过,中国有两个用户体验最差的行业,一个是中介,另一个就是装修。

家装非标、低频、高客单,意味着用户对装修消费非常陌生,而且几乎不会产生复购。对装企来说,服务好了没有经济利益,偷奸耍滑反而收益更高,因此天然地倾向前端营销驱动,或低价促销、或过度承诺。

甚至有一段时间,一些以前在电商购物平台上卖保健品的企业也进入装修行业,并在这个行业快速"攻城略地",因为他们更会做营销,更敢砸钱做营销。通常的套路是,高成本营销,低价签单,靠过程增项把钱再挣回来。更可怕的是这种粗暴的方式简单易学,利益驱动下,很多装企有样学样,导致装修行业的负面新闻不断,口碑很差。

3. 大行业小公司带来的人才基础薄弱

经过几十年的快速发展,家装行业成熟度增加,但营销驱动的本质没有变化,行业门槛低,赚钱的时候什么人都进来,鱼龙混杂,忽悠签单的环境,不利于人才成长。随着获客及人工成本的增加,装企不赚钱,员工流失率高,交付更加不稳定,小公司人才流失更加严重,行业人才基础薄弱。

而任何行业的变革都不是自然发生的,而是由一批有良好愿望、见识和能力的人推动而发生的。

三、产业互联网背景下的新机会

2020年4月7日,国家发改委、网信办发布《关于推进"上云用数赋智"行动,培育新经济发展实施方案》,首次提出"构建多层联动的产业互联网平台",将产业互联网上升至国家层面,主要目标是对现有企业经营模式、成本结构进行数字化、在线化改造,提升企业运营效率,降低成本。实施"上云用数赋智"行动也被写入"十四五"规划,旨在推动数据赋能全产业链协同转型。

产业互联网背景下,家装行业会发生很大的改变,包括产品呈现方式、业务流程升级以及各种新业态的产生。

1. 有标准的个性化产品

用户个性化需求同稳定的交付品质之间的矛盾始终困扰着装企。为了增加获客,当前装企倾向于先承诺满足个性化需求,然后想办法在施工方面弥补,但整体的交付品质还是不稳定。

产业互联网平台的推进,将加速传统产业的数字化建设,从建筑 BIM 系统,到主辅材的建模上线,再到设计师的素材库、工具箱,最终实现快速拆单、反向定制,打通设计和供应链,就能在满足标准化的基础上实现产品的个性化定制。

年轻用户作为家装消费的主力军,个性化诉求更多。产业互联网的发展将带动装企聚焦自身优势、专注特定细分市场,围绕用户体验推出个性化产品,行业将会诞生更多小而美的装企。

2. 流程升级带来的用户体验升级

家装环节多,周期长,涉及人员和材料多,流程复杂,导致行业普遍存在报价不透明、后期增项多、交付不确定的问题。更有甚者,材料以次充好,施工不按标准,售后完全不管,导致用户体验很差。

消费者需要更多的确定性,产品确定、价格确定、流程可控、售后无忧。通过对传统企业管理流程进行数字化、在线化改造,能大幅降低对人的依赖,减少内耗,对外提供确定性,用户体验就会明显提升。

3. 产业人+互联网人一起改造这个行业

在产业互联网背景下,线上线下融合发展是趋势。家装行业需要更多专业化人才,线上需要技术开发、维护和数字化运营等方面的人才;线下需要大量掌握不同工种技能的产业工人,掌握设计工具的设计师以及有现代企业管理经验的经营人才等。借助互联网平台,依托互联网人,建立家装行业新生态。

四、装企发展的五个新趋势

中国家装行业是极具中国特色的,主要有两个特点:其一是毛坯房交付,而发达国家是精装或整装交付;其二是家装的交付依赖大量非标准作业的、非科班出身的、年龄偏大的农民工,而发达国家是相对完善的职教体系和待遇较好的产业工人。基于上述两点,才有了中国特色的万亿级家装产业。

但行业发展的背景在悄然改变。一方面随着商品住宅销量大幅下滑和精装比重提升,家装正在进入存量时代,市场倒逼装企向用户价值中心转型;另一方面,当年龄偏大的农民工逐步退出后,有一技之长的蓝领工人更加紧缺,很多高学历年轻人开始参加技能培训,加入产业工人队伍。当更多有知识、有想法和懂技术的年轻人加入传统行业,势必会推动整个产业的变革。

基于上述两个判断,家装的发展呈现出用户年轻化、市场大众化、产品标准化、服务平台化和经营连锁化五个新趋势。

1. 用户年轻化

艾瑞调研数据显示,家装消费者中年轻人群占比超过85%。超2.6亿Z世代(1995—2009年出生)正在重新定义家装行业,主导家装消费。

与上一代最大的不同在于,"95后"生在网络普及时代,长在物质过剩年代,面对琳琅满目的商品,他们比上一代有更多的选择,意味着他们在消费中有更多的话语权,会倒逼企业提升产品力和组织力,站在用户角度考虑问题;同时他们愿意为个性化付费,意味着家装领域会出现更多的细分市场,这就要求装企聚焦优势,找准定位,在细分市场提供更有价值的服务。

2. 市场大众化

生意大致可分成两类,小众的和大众的。前者是走高毛利、小规模、低周转路线,重在打造个性化的产品和独特的体验,核心是专属定制;后者则是低毛利、大规模、高周转路线,重在满足多数群体的基本功能需求及较少的个性化选择,核心是有竞争力的性价比。

装修生意也不例外:高端别墅及超大平层是典型的小众市场,用户群体有限,他们愿意为设计付费,购买高端建材部品,打造更有品位的居住空间;但面积在 100 平方米上下的商品房,用户规模远大于前者,更关注空间的利用率和舒适性,在满足基本功能的前提下,会增加一些个性化的需求。

每年中国都有大量的工薪阶层和中低收入群体要在城市安家,但 2022 年全国城镇人均可支配收入仅 4.93 万元,除去房贷、教育及日常开支,其家装支出一般需要 5~10 年才能攒够,所以为大众市场提供高性价比的家装产品和服务应是行业主流。

3. 产品标准化

装企要实现规模化,必须以标准化为基础。家装行业的标准化体系涉及各个环节,包括终端(展示)标准化、设计标准化、供应链标准化、施工标准化、运营管理标准化,等等。有了标准化体系,各个环节严格落实,家装对人的依赖性才会大幅降低,交付的稳定性才有保证,稳定地交付会使家装进入产品化阶段,而产品化是家装从低效的手工作业向产业化发展的分水岭。

产品标准化后会催生出更多品牌,有了多品牌的良性竞争,家装行业才算步入正轨。

4. 服务平台化

任何行业的发展都离不开产业上下游公司的支持,一个打通产业链上下游的平台,会降低沟通和交易成本,从而改进行业整体效率,对平台上的所有企业都有好处。

家装服务供应链协调难度大，人员管理费用高，装企规模大的几十亿，小的几百万，没有能力什么都做，必须借助产业链上下游的力量，让专业的人做专业的事。这样的话，装企负责对接用户需求，提出解决方案；然后基于标准化，对方案进行拆解和分发，所有材料、人员的调度交由专业服务人员或平台，服务的全过程需要一个打通产业链的信息系统支持，需要设置一系列的标准和规范，最后各方努力为用户提供可靠的交付体验。

5. 经营连锁化

连锁几乎是服务业实现规模扩张的必然选择，将单店的成功通过加盟或直营的方式快速放大，成规模的标准化产品和服务会产生势能，在供应链集采和品牌推广方面有优势。这也是餐饮、商超、卖场等服务业态多以连锁形式经营的原因。

相对于上述行业，家装行业核心问题就是非标。随着行业标准化体系、信息化工具、供应链平台、产业工人培训体系等基础设施的不断完善，家装服务就可能化繁为简，由重变轻，规模不经济的问题逐步化解，连锁模式便有了用武之地。届时，家装门店会像大型商超和社区便利店一样，分布在城市的各个角落，为附近住户提供翻新、局改、维修乃至保洁、家政等生活化服务。

从公装到家装，打造一站式新家装数字化平台，推动家装走出"农耕时代"

金螳螂企业集团董事长　倪林

金螳螂·家希望把公装的经验嫁接到家装中来，推动家装从农耕时代进入工业时代和信息时代。

作为在社会主义市场经济初期就成立的企业，金螳螂见证了中国装饰行业的发展。持续30年的专注，成就了金螳螂公装龙头的地位。近年来，随着房地产进入深度调整阶段，金螳螂的公装业务增速放缓，集团在调整公装侧重点的同时，势必要找到新的业务增长点。于是，2015年金螳螂推出"金螳螂·家"品牌，依托公装积累的经验和能力，顺势进入家装市场。

一、金螳螂·家的转型实践

家装虽然是一个传统产业，但它又是一个永远的朝阳产业。因为家装跟人的生活密切相关，本质上是消费类的，因此它永远会有生命力。就目前中国的住宅存量来看，未来每年翻新及局改的规模是万亿级的。

但家装行业从效率上看，仍处于"农耕时代"，很多时候是材料的堆砌，缺乏系统性,用户往往花了钱也得不到好的家装体验。随着社会分工精细化、客群结构年轻化和线上消费发展等方面的推动,注重消费的中产阶级群体及年轻消费群体不愿花费时间精力去到处选材料、全程盯装修,希望简单、轻松搞定家装,并愿意为专业、省心的服务付费,一站式整装趋势明显。因此,金螳螂·家希望把公装的经验嫁接到家装中来,推动家装从农耕时代进入工业时代和信息时代。

前期摸索阶段,公司精力被过度牵制在门店运营管理和C端客户服务上,并没有真正把金螳螂原来在公装领域积累的优势和经验很好地发挥出来,反而限制了家装的个性化和自由发挥,三年疫情中部分门店出现了亏损及关店现象,但这是正常的商业现象,对于金螳螂装饰的总体影响非常小。

疫情是一把双刃剑,优胜劣汰不可避免,但用户的需求只会延迟不会消失。后疫情时期,家装行业的持续发展仍然需要每个家装企业对经营模式进行不断创新和探索。我们必须承认家装与公装的区别,要设法将金螳螂的品牌、设计、供应链、施工培训等优势资源与家装的特点相结合,用长期主义理念为行业带来改变。

目前,传统行业正深受数字化改造的影响。通过数字化手段,在标准化家装服务过程中可满足客户个性化需求。金螳螂·家作为家装行业的头部企业,以持续为客户创造更大价值,持续帮助合作伙伴成功,持续为行业发展做出贡献为使命,正在努力打造S2B2C的中国一站式数字化新家装平台。希望通过新家装模式,形成"客户口碑好→金螳螂·家品牌好→门店效益好"的正向飞轮效应,实现客户对美好生活的向往。正是基于这样的使命,金螳螂·家率先推出了新家装数字化系统。

二、新家装"一机在手,一家搞定"

金螳螂·家数字化系统主要服务装修业主和门店这两类客户,在"无忧家装十大保障"和"八项赋能"这两方面进行体系构建,打造新的客户体验和门店赋能。

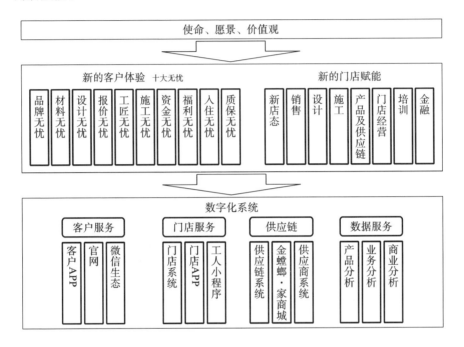

1. 新的客户体验

金螳螂·家以"金螳螂·家 APP"为核心构建整个服务体系,并配套 PC/Wap 官网、投放平台、自媒体平台进行客资流量导入,配套微信生态实现轻量化服务。在客户全生命周期服务上,数字化贯穿在整个流程中。

当首次获客时,金螳螂·家就通过数字化实现差异化服务,客户经理会首先邀请客户下载金螳螂·家 APP 了解金螳螂·家的十大无忧、云样板间和材料、门店口碑、门店案例、门店设计师和工长,让客户对金螳螂·家有了初步印象。

当客户进店后,负责接待的商务专员会通过"云播"系统讲解金螳螂·家数字化店态,重点讲解通过金螳螂·家 APP 为客户提供的全流程服务,称为"金螳螂·家 2080 服务",例如十大无忧、产品体系、负责的设计师和施

第五篇　行业创新在路上

工团队、在线签约、资金托管、鹰眼工地直播、在线验收与评价、装修日志、VR全景图、装修档案等。

当客户签约后,施工工地也数字化地呈现在金螳螂·家APP上,鹰眼系统会实时同步项目进度,帮助客户及时了解每日工地进展。需要验收的时候,APP会同步给客户发送一份"验收报告",详细列出金螳螂·家的施工标准和实际的施工效果供客户验收参考。客户不验收,款项不给门店;客户验收后,会邀请客户评价,该评价关联到评价系统,会评估每一个服务人员的服务质量,从而形成完整的信用评价体系,助力新用户决策。

当客户完工后,金螳螂·家提供基础工程十年质保服务,客户可以在金螳螂·家APP上一键报修。另外,"一次装修,终身朋友",每一位客户都是金螳螂·家的金粉会员,享受全民营销、礼品兑换等金粉福利。

金螳螂·家从来就没想过要去做一个传统的家装,而是要做创新、做变革,通过线上化、数字化及智能化,用APP实现"一机在手,一家搞定",给用户带来安全、简单、透明、个性的一站式家装体验。

2023年,金螳螂·家将继续坚定信念拥抱数字化,全面推进"付款走线上,装修全保障","一机在手,一家搞定"。进一步支持客户在线挑选设计师、工长,在线选品、报价、下单,以及完善评价系统,打造更为丰富的金粉俱乐部,持续不断地为客户全流程服务提供强有力的支撑。

2. 新的门店赋能

金螳螂·家通过门店系统和门店APP标准化了各岗位的工作流程,并实现了异常提醒、上级督办等闭环监控和管理,另外通过数据中心实现了对门店数据的实时掌控。

对于门店的实际业务流转,数字化也同样体现在每一处细节中,例如对于市场和设计条线,主要通过客户管理系统(CRM)进行客资的转化,并将客资渠道细分为平台线上分配、门店线上运营、小区深耕、门店线下自拓、全民营销五个细分渠道进行跟进,包含首呼、邀约见面、到店、量房、签设计、选品报价、签约等各环节。

当客户有意向时,会先线上签订设计合同,然后设计师通过选品报价系统进行选品和报价,客户对材料和报价确认无误后,会线上签订装修合同。

当用户签约后,系统会同步生成施工项目,由施工团队按照2080规范进行施工,由工程管家进行监督,所有进度都通过门店APP进行更新,并同步展现在客户APP上。

当用户装修完,核算系统会进行项目利润分析并结算项目,售后报修系统也会接收客户的报修内容进行维修。

2023年金螳螂·家将会加大门店的招商拓展力度,在去年135家门店的基础上,扩张至200家门店,并且会重构门店与供应链体系,打造"一机在手,一店搞定"的场景,通过客户APP+门店APP+工人小程序+供应链系统实现金螳螂·家线上商业模式体系。金螳螂·家总部将与全国门店同心协力提升战略合作供应商的采购量,帮助门店进一步加强优质、优价、优品的市场竞争优势,同时,总部设计与诊断线上开通、门店设计师认证和设计流程数字化的打造,进一步突显金螳螂·家设计实力的差异化。

相对于集团上百亿的公装业务,金螳螂·家的家装业务量依旧很小,之所以主动选择长期主义,做难而正确的事,进窄门,走远路,见微光,不是要故意为难自己,而是从客户的需求中得出的。未来金螳螂·家将进一步从"一站式服务的家装企业"升级为"家装企业的赋能平台",这是战略选择,也是使命要求。

索菲亚如何通过提升运营效率和品牌获客二次破局?

索菲亚家居总裁　王兵

企业不能为了实现数字化而数字化,而应为了实现业务目标而数字化。数字化战略一定是基于业务发展规划,两者应该是相辅相成的,要同步去制定、去推进。另外,现在是数智化的时代,企业家或管理层要保持开放的心态,要去各行各业了解学习,不能封闭自己。

索菲亚前身是1981年在法国创立的SOGAL,其在可伸缩橱窗柜的基础上进行创新,橱窗的尺寸、花色都可以改变,一经推出便在欧洲市场受到青睐。2001年,中国还没有定制柜的概念,索菲亚两位创始人果断将这个品牌引入中国。

最初的两年,索菲亚的制造车间在欧洲,而每个产品都需要根据客户家里面的情况去设计、测量,然后下单给欧洲工厂生产,再运回国内,整个物流周期很长,一个订单通常需要三四个月,而且生产和物流成本很高,这就限制了索菲亚的业务发展。正好当时中国房地产方兴未艾,定制衣柜需求大增,于是索菲亚跟法方合资在中国广州增城区建设国内最早的工厂,之后便开创了定制衣柜的一个时代。

定制行业的前身是木作手工,进入门槛低,但若想做大做强,其实门槛很高。因为定制其实是一个集"零售业＋制造业＋服务业"于一体的行业,很难轻资产运作。首先,不同于快消品的冲动消费,定制产品服务周期长、客单价高,其消费是重决策的,需要打造有竞争力的体验和品牌;其次,定制需求是非常个性化的,后端工厂必须具有柔性生产能力,才能同一条生产线满足前端千差万别的产品需求;再次,定制业务链条长,参与角色多,涉及线上运营、门店导购、设计师、安装师傅及售后人员等,是重服务行业,需要多个角色通力协作才能高效满足用户的定制需求。

作为定制头部企业,索菲亚2021年营收历史性地跨过了百亿规模。回顾成长历程,索菲亚的规模增长有过两次重大的突破,运营效率和品牌获客能力得到显著提升,才有了如今的成绩。

一、第一次突破:2011—2017 年,运营效率的提升

2010 年之前,中国定制行业体量较小。2011 年索菲亚上市,定制衣柜作为一个大品类被更多消费者认可,随后进入的玩家越多,被"教育"的消费者也就越多,定制需求开始井喷式爆发,索菲亚很快突破了 10 亿产值。

同时,运营问题也开始凸显,当时主要表现在两点:其一,由于不同设计师对个性化定制的理解和尺度把握是参差不齐的,加上当时很多设计师不会用 CAD,给到工厂的订单存在大量文字描述,订单信息无法准确获取,导致产品出错率很高;其二,当时生产对工人依赖度高,年末旺季时工厂通常要 24 小时运转,高强度的工作导致人员流失量很大,团队不稳定,交货周期长,产品品质无法保障。于是,核心管理层每天像救火队员一样去解决眼前的问题。

但如果产品品质无法保障,未来规模做得越大,内耗就会越多,对品牌的伤害也会越大,所以这个局面必须改变。如何改变?我们当时的结论是:

第五篇　行业创新在路上

要提升运营效率,唯一的办法就是数字化。

1. 基于业务发展规划,制定数字化战略

索菲亚当时的瓶颈主要体现在三个方面:

第一,衣柜品类扩充对柔性生产能力提出更高要求。索菲亚几乎是靠定制衣柜一个品类做到上市,成长空间有限,2012 年开始扩大品类,从"定制衣柜"到"定制家",逐步形成包括书柜、酒柜、电视柜、榻榻米、鞋柜、阳台柜、浴室柜在内的大品类。不同于橱柜 50% 以上的零部件可按标准件生产,品类扩充后的板材尺寸和类型跨度大,我们发现用标准件加非标件的这种思路到一定程度后就走不通,大量的标准件放在仓库消耗不了,因此必须提升工厂的柔性生产能力。

第二,全国工业化布局要求柔性工厂可复制。定制行业需要贴近市场,快速交付,所以物流半径要短,响应速度要快,索菲亚要做大体量,就需要在全国进行工业化布局。但在这个过程中发现一个问题,复制过去的工厂柔性能力不行,这种复制是没有意义的。

第三,经销商渠道管理的幅度和难度成倍增加。索菲亚 80% 的业务来自经销商,管理扁平化,不管城市大小都是一级经销商。当时每年新开 300 多家门店,若没有数字化进行赋能,对经销商网络的有效管理很难实现。

于是,索菲亚 2014 年前后将上市所融到的 11 亿资金投入数字化战略,计划用三年时间实现工厂运营效率大幅提升、柔性工厂快速复制和全国门店协同管理三大战略目标,推动公司发展迈上一个新台阶。

2. 组建自主团队,IT 人才和业务人才相互磨合

这里通常会碰到两个问题:其一,我们是传统行业,专业 IT 人才不愿意来;其二,即便人才吸引来了,若他对定制行业不够了解,技术开发也很难落地。

索菲亚的措施是以自己的团队为主,外部团队为辅。因为在市场上没有专门针对定制行业精耕细作的数字化方面的人才,我们只好找一些通用型IT人才,再从公司抽调专业的业务人才,组成一个团队。因为业务人员对问题的痛点和关键业务的理解比较深刻,最开始以业务人员为主导,技术人员去配合实现。团队磨合过程中,业务人员信息化、数字化方面的意识会得到提升,技术人员对业务的理解也会更加深刻。当然,也可以借助外部团队的能力和技术,前提是其技术对我们有价值且自己没有掌握。

3. 数字化战略推进的三驾马车

(1)**发动机:IDC(信息与数字化中心)**。

数字化战略的推动,首先要有个IT部门,2014年索菲亚最先成立了IDC。我们告诉IDC的每个人,IDC不只是一个技术实现或技术研发的部门,而是公司业务发展的发动机,IDC每个人都是业务的驱动者,要对业务结果负责。作为索菲亚数字化战略的核心,IDC连接了公司业务的方方面面,包括营销活动支持、新渠道开拓、全链路服务跟踪、自动化生产能力提升、运营效率提高、信息系统安全可靠、项目交付保证,等等,以信息与智能制造技术,推动索菲亚数字化变革。

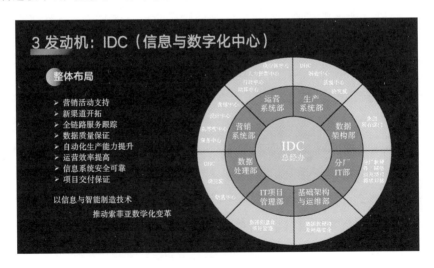

(2)**核心关键:极点三维(3D设计平台)**。

定制行业卖的不是产品,而是整体解决方案,所以设计是至关重要的,而且需要打通从消费端到设备端的数字高速公路。为此,索菲亚收购了一家原本做 3D 渲染叫作极点三维的公司,不仅设计图要做好,而且要根据公司设备情况、产品结构、材料以及工艺等的不同,构建满足索菲亚产品规划和市场定位的平台,包括工具、参数配置、产品模块都需要快速迭代。让设计师经过三五天的培训,就可以给客户出设计方案,且这个方案是能落地的。

(3)加速器:宁基智能(未来工厂)。

为突破定制行业产能瓶颈,索菲亚成立了宁基智能,专门负责智能制造、智能生产线、智能物流、智能工厂的规划及建设。从工厂布局开始,索菲亚对物流方案、设备位置、系统对接、环保规划等进行设计,采用最优方案设计工业 4.0 标准的未来工厂,打造行业标杆。2018 年未来工厂落成,极大地缩短了产品交付周期,板材利用率提高 11.4%,平均效率比德国生产线高出 125%,自动报价率为 98.3%,机器人板件分拣准确率为 100%。目前,索菲亚在全国各地拥有八大智能生产基地,实现了全国工业化布局。

总之,随着不断地尝到数字化转型带来的好处,我们的投入就会更加地坚定,然后得到的好处更多,形成一个良性的循环。值得强调的是,企业不能为了实现数字化而数字化,而应为了实现业务目标而数字化。数字化战略一定是基于业务发展规划,两者应该是相辅相成的,要同步去制定、去推进。另外,现在是数智化的时代,企业家或管理层要保持开放的心态,要去各行各业了解学习,不能封闭自己。

二、第二次突破:2018—2022 年,品牌获客的提升

时间来到 2018 年,整个市场的竞争从蓝海向红海快速地转变,索菲亚又碰到了新的瓶颈——获客,主要表现在三个方面。其一,当时我们对索菲亚品牌做了一个调研,消费者很困惑到底什么是全屋定制,很多消费者来到

我们门店时,会问:你们到底是卖什么的?这是一个很危险的信号。其二,中国市场越来越细分,很多没有听说过的小品牌一个"双11"销售额就能过亿,所以一个品牌吃天下的时代已经过去了。其三,移动互联时代的流量运营呈现碎片化甚至是粉尘化特征,交易场景跟对象无处不在,交易无时不在发生。

为此,我们梳理出三个战略性举措,作为索菲亚第二阶段增长曲线的核心。

1. 品牌需要重新定位

定位首先看市场,要知道用户怎么看索菲亚,他有什么需求的时候能想到索菲亚?其次看对手,要了解友商们在干什么,他们有什么不同?这两方面都要做大量的市场调研。最重要的是看自己,要清楚索菲亚是做什么的,最大的业绩贡献来自哪里?答案很简单,索菲亚是做定制柜的,所有的产品、技术、制造、服务的积累都是围绕定制柜,而且做了20年。所以我们应该自信地告诉消费者:索菲亚是柜类定制专家,如果你需要做定制柜,就要考虑索菲亚,至少比较一下索菲亚。

定位的关键是要有支撑。定制行业消费者最关注的是两个因素:一个是环保,另一个是设计。所以索菲坚持不懈地在这两个方面投入大量资源。

首先是环保。索菲亚在2014年率先将国标E1级的板材和材料升级为E0级,联合供应商一起顶着压力去培育市场;2016年前后索菲亚创新推出无甲醛添加的康纯板,甲醛排放标准在E0基础上再降一半。如今,学校、医院、幼儿园等对空间环保有严苛要求的机构很多都选择索菲亚。

其次是设计。索菲亚重视产品的颜值设计、风格搭配,目前有7大品类、8大空间整体解决方案齐头并进,每一种风格都有专属的研发团队进行长期研究,通过国内外设计师PK和产品委员会评审的方式优化设计。索菲亚目前有一个200多人的设计中心,专门做产品企划、产品设计跟门店终端展示的设计。

总之,品牌形象不是口头上喊出来的,而是在确立自身优势方向后,长时间、持续地投入才能逐步建立起来。

2. 多品牌、多品类策略

中国地大物博,人口众多,越来越多消费者需要更高品质和更可靠的产品,但消费能力是分层的。索菲亚以价格区间作为区分,打造了不同风格的四大产品品牌,形成覆盖全市场的品牌矩阵。

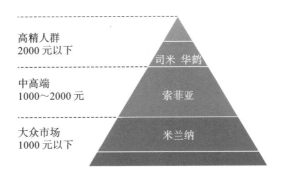

核心品牌索菲亚定位中偏高的客群,主打衣柜品类,贡献了集团业务85%的业绩;针对价格敏感的年轻消费人群,2021年推出"米兰纳"品牌,以低成本的社群方式运营,不用重资产去建设门店和渠道,给这部分消费者提供具有更高性价比的产品;除此之外,还有定位高精人群的"司米"和"华鹤"品牌。

公司顺应"90后"主力消费人群多品类一站式消费需求,围绕"大家居"战略,对索菲亚、司米、华鹤品牌进行品类扩充升级。其中,索菲亚开拓厨卫、门窗和墙地市场,整家定制模式客单值明显提升;司米通过"专橱柜、精衣柜、好配套"模式深度转型;华鹤品牌深化"门墙柜"等全屋模式,拥有定制柜、木门、橱柜、背景墙及家具家品五大品类;米兰纳也以全屋模式持续下沉蓝海市场。

随着四大品牌的持续深耕,索菲亚已实现衣柜、橱柜、门窗、墙板、地板、家品、家电、卫浴全品类覆盖,能更好地满足不同消费人群全品类一站式购物需求。

3. 线上线下全渠道发展

新技术冲击下,消费场景无处不在,当消费者不需要进到门店就能完成交易的时候,传统单纯依靠线下流量的门店怎么办?

首先,流量不来自门店,但不代表不需要门店,不仅需要,还得上档次。因为家居建材行业是耐用消费品,客单值较高,重决策,用户需要去门店体验。其次,企业要将与消费者互动和交易的场景前置化、碎片化。如果消费者不来门店,你可以去他家或者小区,去他活动的场所,线上线下的都要去。

经过两三年的调整,索菲亚从原来单一渠道调整成多渠道齐头并进的状态。其中,零售渠道是索菲亚业务的主要渠道,旗下四大品牌终端门店逾4000家,覆盖全国1800个城市和区域,并通过微信公众号、视频号、抖音、快手、小红书全平台矩阵打造线上线下一体化营销闭环,实现零售渠道流量多元化;整装渠道是公司重点发力的新渠道,索菲亚通过专属产品和价格体系实现与装企的相互导流,公司直营整装事业部已合作装企数量160个,门店数量425家,覆盖全国93个城市和区域;还有大宗业务渠道,通过承接地产、酒店、医院、学校、企事业单位等样板房及工程批量项目,为工程客户提供室内家居全屋定制产品服务,不断拓展公司营业收入来源,优化渠道结构。

为确保各环节的服务水平,我们定义了客户服务指数(CSI),不需要通过第三方或调研,80%的用户会在安装完第二天给我们评价,哪些地方好,哪些地方不好,然后我们有针对性地进行培训和改善。同理,我们又定义了一个经销商服务指数(DSI),去衡量工厂端给渠道商的服务。我们会把这个KPI挂到所有相关部门负责人头上,后者必须为此结果买单,这样才能持续不断地提升各环节服务水平。总之,产品品质和渠道覆盖逐渐成为竞争的基本条件,结合自身所处阶段和积累的优势去打造具有差异化的品牌,才是企业增长的关键。对定制行业来说,始终要重视的还是服务体验,它是贯穿品牌运营始终的。

从量房开始,着力打造以空间数据为载体的服务平台

知户型创始人、董事长　林辉

随着5G新基建的不断完善和各项政策的推动,中国产业互联网时代已经来临。包括家装家居在内的传统产业,急需不同场景的数字化解决方案来降本增效,这就为软件开发服务商提供了施展拳脚的舞台,没有哪个国家有中国这么好的网络基础设施和应用创新机会,国产行业应用软件崛起正当其时。

当前国际环境日趋复杂,不确定性明显增加,加之新冠肺炎疫情的影响,居民消费信心大减,处在价值链低端的传统产业最先受到冲击。以家装建材行业为例,装企普遍面临获客难、转化低的困境,很多门店关停;建材企业传统经销商渠道效率低,也是入不敷出。

一、赋能传统产业转型升级,国产软件崛起正当其时

我国传统产业以中小微企业为主,是稳就业的主力军,但企业市场竞争力弱、产品附加值低,供应链不稳定、原材料成本上涨就会挤压原本微薄的

利润空间,工厂倒闭或企业裁员则会产生大量失业人员,进一步降低居民的消费信心。

中国发达的消费互联网生态让传统产业面临危机时有了更多的生存机会,只是很多人固守旧模式而没有重视新变化。如疫情期间线下管控,人们被迫居家办公、在线实时互动,直播便从小众娱乐平台迅速转变为重要的沟通媒介和出货渠道,主持人、企业家、各路明星等纷纷加入直播带货热潮,头部主播的单日营收可轻松过亿,这大大提升了传统产业上线和变革的意愿。

中国互联网络信息中心(CNNIC)最新统计报告显示,我国网民规模已达10.5亿,互联网普及率达74.4%,人均每周上网时长达29.5小时。实际上,"90后""00后"的生活已经与手机深度绑定,社交、出行、购物、游戏、休闲、订餐都通过手机APP进行。可见,我国在应用软件方面的优势显著,潜力巨大。

针对传统产业普遍存在的产品同质化、运营效率低、供应链成本高等问题,国家"十四五"规划指出,充分发挥海量数据和丰富应用场景优势,促进数字技术与实体经济深度融合,赋能传统产业转型升级,催生新产业、新业态、新模式,壮大经济发展新引擎。领军企业如华为已组建了十五大"军团",将多个学科的专家聚集在一起,分别深入15个重点领域,直面客户需求,为行业打造解决方案。

黄奇帆认为,数字经济真正的蓝海在于数字化平台与生产场景结合,对传统产业进行赋能升级,形成产业互联网。随着5G新基建的不断完善和各项政策的推动,中国产业互联网时代已经来临。包括家装家居在内的传统产业,急需不同场景的数字化解决方案来降本增效,这就为软件开发服务商提供了施展拳脚的舞台,没有哪个国家有中国这么好的网络基础设施和应用创新机会,国产行业应用软件崛起正当其时。

二、量房是家居家装产业数字化的原点，单点突破打造世界领先的量房应用软件

家装提供的是整体家居解决方案，从毛坯到拎包入住，业务流程烦琐，参与角色众多，涉及成百上千种材料。行业的数字化就是要逐步打通量房、设计、硬装施工、个性定制、软装搭配等全流程，但由于各环节标准化体系的滞后，使其数字化转型的复杂度远大于手机、汽车等标准化产品，需要产业链上下游企业共同努力，任重而道远。

但这条路上，量房是不可或缺的第一步，是产业数字化的原点。因为量房数据准确与否，直接影响后续设计、施工的品质和效率。过去，设计师主要采用手工方式（卷尺＋纸笔）量房，但经常会出现诸如"墙体太高太长，卷尺不好测量""空间构件太多，无法准确标注""笔纸记录数据出错或不清楚，需要复测"等情况，量房耗时长，量房数据不精确，有时还要重测，使得量房一度成为设计师最"讨厌"的环节。直到近两年，量房应用软件的普及才使得这种情况有所好转。

知户型聚焦量房入口以移动端为主要载体打磨行业工具软件，从 2014 到 2022 年，产品经过 5 次的底层算法优化后基本成熟，目前已实现移动端实时 3D 建模、多种户型数据采集方案、精准还原现场、10 秒导出 CAD 图纸、户型数据云端存储管理。

知户型量房场景：用户在手机上拖动光标绘制墙体，利用测距仪测量数据，测量的数据即可同步记录到手机知户型软件内。无需手记，从源头杜绝数据出错。测量采用测完一个空间接着测量下一个空间的原则，保证测量过程不会出现漏测的情况。空间内的梁柱、门窗、孔位测量亦是如此，在单空间内先添加相应构件再使用测距仪测量其边距、宽度、高度，所有测量数据都能同步到 APP，精准记录空间的每一个数据。设计师可 30 分钟完成量

房,一键导出全套 CAD 文件,再也不用来回跑现场、卷尺量房、手绘图纸、回来还要加班绘制 CAD 图形。

过去几年,知户型 APP 以每月 2 次的频率迭代更新,仅 2021 年就更新了 13000 多个模型,易用性大幅提升。为不断完善产品,知户型跟用户保持高频互动,2021 年共组织 200 多场培训,涉及学员 45000 多人,接待用户答疑超过 10 万次。用户的诉求推动知户型研发能力提升,不断有更好用的功能上线,如多楼层绘制、异形设计、全屋定制、管综系统等。目前,知户型在国内同类竞品中市场占有率在 95% 以上,海外版 JoyPlan 也在国际化道路上不断发力,为全球家居产业进行科技赋能,可以说知户型正在成为量房应用软件领域的国货担当。相对于其他竞品,知户型的优势主要体现在三个方面。

1. 3D 空间数据快速采集并实时建模

知户型采用自主研发的空间坐标成像体系,对单独空间数据定义了 200+ 的特性标签,通过参数化构件(目前已涵盖 99% 的房屋构件和细节,包括门窗、梁柱管、地标、电气水路,等等),将量房化繁为简,实现了对传统卷尺及纸质绘图本作业方式的迭代升级,让量房变得简单、快捷和准确(新用户 3 分钟上手,而且有在线教程)。为增加适用性,知户型支持多种输入方式,包括常规绘制、图片识别、底图临摹、CAD 导入等,最新研发的 LiDAR 扫描功能更是最便捷的应用级量房工具,不用工具测量,不用任何操作,打开苹果手机摄像头对准空间扫描即可快速生成 3D 户型图,无需清场,数据精准,误差在 3 cm 以下。

2. 实现跨平台、跨系统、跨引擎的无缝数据衔接

量房只是开始,空间数据的安全存储以及不同终端、不同系统间的高效迁移直接影响设计师和企业的效率,如何保证数据衔接的准确性和用户体验的一致性很关键。通过云端多维度信息存储和对接口标准的管理,以及同第三方设计软件公司的合作协同,知户型可实现数据无缝衔接外部系统,如酷家乐5.0版本可100%还原,三维家、CAXA、点线等平台也可对接,保证数据安全和体验一致的同时,打通了量房和设计环节,大大方便了设计师。

3. 根据家装业务逻辑搭建四层架构,把简单留给客户

知户型的产品架构是基于家装的业务逻辑搭建的,包含基础层、隐蔽层、完成面和方案层四层架构。

(1)**基础层**:移动端实时建模,真实还原现场构建细节,云端多维度信息存储,数据无缝衔接外部系统。

(2)**隐蔽层**:管线综合系统根据功能回路设置,无限贴近真实落地场景,材料算量解决行业难题。

(3)**完成面**:根据归方工艺标准完整计算工作面与完成面的逻辑关系,提供真实准确的算量依据。

(4)**方案层**:根据用户需求确认功能点位,根据效果图快速匹配,游戏化操控,是企业必备前端谈单成交神器。

这四层架构前后逻辑严整,通过数字孪生的方式构建仿真模型,完成设计方案的可行性验证,更好地实现"把简单留给客户,其他交给科技"的使命。

三、建立以空间数据为载体的场景解决方案服务平台

2020年4月9日,国务院发布的《关于构建更加完善的要素市场化配置体制机制的意见》将数据定义为继土地、劳动力、资本、技术之后的第五大生产要素。空间是人类活动的场所,各种建筑的空间数据是设计美好生活的基石,也是商业开发的重要资源,需要被妥善存储和有效利用。知户型产品目前主要应用场景如下。

1. 设计签单——赋能家装设计师,提升签单转化率

获客成本高、签单转化率低是当前装企最头痛的问题。作为工具开发者,要缓解这一痛点,就需要知道从量房到签单环节用户的关注点和影响其决策的关键。

首先,没有好工具,设计师很难在量房现场实现客户对户型墙体拆除、下陷、凸出、挖洞等设计需求的快速响应,用户会质疑装企的专业性,等待时间过长也容易飞单。其次,传统家装不透明,很多用户害怕被坑,而且对价格敏感度高,需要看到清晰的报价及用料,以及跟多家装企的方案做比较,才会做出决策,装企如果不能提供准确的报价和详细的清单,用户很难信任你。再次,很多用户会在临门一脚时犹豫不决,对设计方案能否落地不放心,这就需要装企提供更多的确定性。

谈单的本质,是跟用户建立信任,关键在于确定性。为了方便设计师和用户沟通,知户型采用轻设计模式,在移动端实现游戏化操控,不但设计师可用,用户也能轻松上手。通过知户型APP,设计师可在手机上完成电气设备、地标、墙标、楼梯等构件的布局,完成墙、地、顶等硬装的铺贴、设计,以及床、沙发、厨卫等室内软装搭配,能随时随地调整方案,快速出效果图(含720度全景效果图及3D漫游模式),甚至装企可按需定制一键生成面积清单、主材算量清单、软装报价清单,清晰明了,不给客户犹豫的机会。通过知户型工具,可以有效提高传统装企的签单效率,对装企经营形成有力支撑。

知户型侧重于手机端应用开发,为了弥补其在电脑端设计和效果渲染等方面的不足,知户型已与酷家乐、三维家达成深度合作,整合各自资源优势,实现数据打通,完成量房家装效果一体化。此举对设计师赋能显著,通过知户型量完后的户型数据,可以实时无损同步至酷家乐设计平台,两边高效协同,数据畅连无阻,做到即量即设计,形成一个更简单、更高效的量房设计场景。省心、省力、专业、快捷,这是设计师们给出的最好评价。

2. 定制家居——打造空间数据采集系统,助力企业数字化转型

定制是装修设计中很关键的一环,但往往受限于设计师的水平和效率,用户体验不好。为此,知户型围绕设计师痛点上线全屋定制功能。以快速橱柜功能为例,通过①选择该空间,添加基础构件→②选择橱柜样式→③调整关键点位位置信息→④定制特殊需求四步,即可一键智能布柜,之后还可以进行自由化调整,如风格修改、地柜和吊柜的高度参数修改。

目前,知户型为欧派家居、索菲亚定制等家居企业打造了空间数据采集系统,经落地验证,每采集(含量房和3D数据建模)100平方米空间数据较传统模式可节约10个工时,能省500元,且出错率为零,这种赋能是立竿见影的。

3. 商业空间——门店空间数据采集和管理系统

知户型还可以帮助连锁企业对门店、员工、案例等建立数据管理系统,让企业资源得以规范保存、高效连接和二次开发。如门店量房,一旦测量的数据出现误差,整个装修周期都将被延误。知户型能够在最短的时间内采集到最精准的户型数据,且数据永久储存在云端,不用担心数据丢失,并按照连锁企业标准快速输出初步方案并实时同步至其总部数据平台,保证店面形象的统一和管理的高效。

除此之外,凭借3D空间数据采集和实时建模方面的技术积累,知户型可以为更多依赖空间数据的场景赋能,如用于火灾现场调查的现场建模科目及平面制图科目的专项功能研发,在全国首次火灾岗位练兵西部片区比武中相应科目取得冠亚军的好成绩。

未来,知户型会将更多精力放在运用AI技术对空间数据及方案数据进行分析,为不同类型空间的智能设计提供数据基石,打造以空间数据为载体的服务平台。

聚焦生活场景方案定制，
打造智能家居新物种

海尔智家三翼鸟市场总经理　张华军

场景思维的关键内核在于无界，即充分给予用户选择的权利，打破时间和空间的局限，定制属于自己的居住空间和生活方式，实现产品无界、设计无界和智慧无界。

近年来，年轻人越来越宅，懒人经济兴起，智能音箱、扫地机器人、智能门锁、智能摄像头、智能卫浴、智能窗帘等产品陆续进入寻常百姓家，逐渐成为年轻人家居生活的标配。IDC数据显示，2022年中国智能家居设备市场出货量突破2.2亿台，预计未来五年的复合增长率将达到46.9%。

但必须指出，现阶段智能家居产业仍是"乐观与矛盾"并存。在外部信心提振的同时，业内产品结构却呈现以"单品"为主的现状，一方面是因为单品单价相对低、功能也相对确定，消费者尝试门槛低；另一方面是不同品牌智能家居单品并未实现互通互联，兼容性较差，无法形成全屋智能。

不过，随着芯片等元器件的价格回落、AI及IoT相关技术的不断突破以及智能家居生态标准体系的完善，智能家居的落地场景，终会实现从单品智能到全屋智能的过渡。因为用户真正需要的不只是单个产品的功能优化,而是基于生活场景的定制化、系统化解决方案,最终要的是健康的饮食、舒适的空气、干净的衣物,是舒适、便捷、自在的居家生活。

内外环境的变化也在指向这一点。结构方面,新冠肺炎疫情持续三年,内需不振,房地产及下游建材、家装、家电等行业都面临生存和转型的压力。传统住宅和家电的高端化、智能化转型,可满足新中产消费群体的改善需求,大大提高住房及家居产品的附加值,成为整个家居产业链高质量发展破局的一大策略;政策方面,2021年由工业和信息化部、住房和城乡建设部、商务部、市场监督总局四部委联合印发的《推进家居产业高质量发展行动方案》,也已就家居产业发展提出明确目标:到2025年,培育50个左右知名品牌、10个家居生态品牌,建立500家智能家居体验中心,培育15个高水平特色产业集群。

可见,智能家居已经驶入发展的快车道。

一、从卖产品到卖场景

2018年中国刚需类家电增长见顶,海尔智家早已积极寻求变革转型,推进成套智慧家庭解决方案能力建设,而智慧家庭只靠家电智能化还远远不够。于是,海尔智家依托科技、品牌、制造、生态等全方位优势,提前进行战略布局,在行业内首发场景品牌三翼鸟,开辟了从卖产品到卖场景的新赛道。

三翼鸟打破了原有单一的产品思维,立足于用户生活场景中的实际需求,构建了"1+3+5+N"业务布局。其中,"1"是一个智家大脑,有四大核心能力,即智能连接、智能感知、智能决策、智能交互;"3+5"为智慧场景方案能力,打造3大专业系统+5大智慧空间,即全屋智控、用水、空气专业系统和智慧厨房、阳台、浴室、客厅、卧室解决方案;"N"则为多种智慧场景定制,如洗晾联动、虚拟试衣、个性化回家等。

第五篇　行业创新在路上

场景思维的关键内核在于无界,即充分给予用户选择的权利,打破时间和空间的局限,定制属于自己的居住空间和生活方式,实现产品无界、设计无界和智慧无界。

首先是产品无界。三翼鸟全屋智慧场景解决方案不仅能覆盖用户衣、食、住、娱等生活需要,且场景内产品的外观、功能、动线等都能实现自由定制。比如,智慧厨房场景可针对孕妇需求配套MSA控氧保鲜冰箱,帮助母乳储存和膳食管理;面对老年群体,智慧浴室可定制扶手、智能卫浴和水浸传感器,保障安全;此外,健身爱好者可随心设计健身阳台,儿童可定制学习场景,养宠一族还能打造专属萌宠空间等,打破传统家电"孤立存在"的现状,以互联互通、协同服务实现了家电与生活的无缝衔接。

其次是设计无界。通过提前规划让家的布局更合理,实现从前期设计、中期施工、后期家电家居配套的"全流程一站式"定制服务。比如,三翼鸟会根据用户所在小区户型图来提前预留水电位置、设计家电空间、规划生活动线,并实时保存设计图纸,后期可据此随时增设家电和改造场景。目前,三翼鸟已拥有400＋智慧场景解决方案,包含了1000＋生活场景,用户可以根据自身需求进行选择和调整。

最后是智慧无界。作为智慧家庭的"中枢",智家大脑能够自感知、自学习、自进化,目前已掌握了2000＋专业生活技能,涵盖衣、食、住、娱各个方面,可以满足用户烹饪、辅导教学、健身等个性化需求,实现更贴心的主动服务。如想看电影,通过语音就能开启观影氛围和场景,电视会主动联动操作音箱、灯光、空调等设备,将环境调节至适宜观影的状态;想洗澡,通过语音就能控制热水器,浴霸也会联动工作,洗完澡热水器会主动询问"是否需要调高客厅空调温度",防止受凉;睡觉时,空调会自动监测室内空气质量,自动调节温、湿、净度,智能床体还会根据智能枕实时监测的"睡眠曲线"自动调整,通过改变睡眠姿态预防打鼾。此外,智家大脑还能让家庭智能产品"持续进化",包括冰箱所提供的食谱数量、空调所掌握的吹风模式、洗衣机的洗涤方案等均可不断升级,让智慧生活体验永不过时。

二、场景生态深度融合

三翼鸟的目标,是为用户打造无缝体验、无界生态、无感支付的美好生活。无缝体验就是做到用最快速度发掘用户需求,为用户提供"交互、场景和感知"全流程无断点的体验,创造终身用户价值;无界生态则是基于海尔智家网器强、方案全以及三万家店的触点优势,吸引生态方蜂拥而至,不断打破现有服务的边界,让用户体验持续升级、带动多方共创共赢;无感支付是由"物"主动为用户做出"决策",通过物联网技术实现自动支付,如洗衣机监测洗衣液不足自动下单等,以减少用户的重复、机械操作,解放双手。

如今用户需要的是一站到位的智慧场景方案,是真正实现全方位、一体化、数字化的定制服务,这样才会更省心、省时、省力。为了实现一站式定制智慧家,最新的三翼鸟智慧家定制体系进一步实现"四大升级"。

第五篇　行业创新在路上

(1)新平台。三翼鸟秉持着生态共创、开放共赢的态度,通过海尔智家三万多家线上线下一体化门店的渠道共享,将生态方汇集到同一平台,共同投入智慧家庭的建设中。目前,三翼鸟平台已连接2万＋设计师、3万＋家电客户、1000＋家装公司、1000＋家居生态、1.4万＋成套服务管家。在这个庞大的生态下,三翼鸟可以为超过1000个城市的用户一站式定制智慧家。可以说,每一项场景方案的实现,背后都是无数生态资源方的优势集中和共同发力。新平台上不仅有周边好店智能推送,三翼鸟还打通了"筑巢"高效设计工具和数字化门店管理系统,用户可通过APP线上预约看店、在线设计、VR实装体验等,实现线上线下一体化沉浸式体验。

(2)新门店。基于"1＋3＋5＋N"模式,新门店将整合更多的跨界生态品牌,提供更丰富的场景选择,围绕用户需求实现立足开放生态的共创共赢。2023年,三翼鸟将整体布局3300＋智慧生活体验馆,覆盖304个核心城市,1500个核心建材商圈。为了让三翼鸟智慧场景更快、更好地进入用户家庭,海尔智家全国布局的001号店、线下体验店、乡镇店,将分工承接三翼鸟场景的全国落地。其中,001号店可以实现三翼鸟产品、场景、生态方案的全方位定制落地;线下体验店则负责爆款产品、智慧场景的换新落地;即便在乡镇店,用户也能随时享受到智慧网器的升级服务。

(3)新交付。三翼鸟目前已迭代9大产品、38品类、50＋系列专业的差异化解决方案,以及厨房、客厅、卫浴、卧室、阳台五大空间交付标准,之后还将有8700个交付中心的布局。依托1＋N的生态服务体系,三翼鸟可提供从设计、施工、安装到售后"一个管家全程协调"的一站式服务体验,让用户真正成为"甩手掌柜"。

(4)新服务。不同于过去"交易即止"的一次性服务,三翼鸟的服务涵盖了从体验、下单、设计、交付再到后续家生活的"全生命周期",交易并不意味着结束,而是"刚刚开始"。如用户入住后,三翼鸟可持续提供防盗、防漏水漏气的安全服务,还有洗衣先生、阿尔法鱼等覆盖衣物和饮食需求的生活服务,以及食材过期、家庭节日提醒等在内的主动服务,保证智慧体验的持续升级。

总之,在定制智慧生活的道路上,依赖强大的资源整合能力,三翼鸟智慧生态已经成型,并且已进入"用户深度参与个性化智慧定制"的发力阶段。未来,随着发轫于三翼鸟的全新交易、交互、体验模式成为常态,智能家居的发展将会迎来新的拐点。

服务至上,重新定义"人货场"下的家装破局之道

千年舟集团副总裁 田茂华

24年来,千年舟集团始于板,立于板,以"缔造健康居家,引领品质生活"为使命,依托强大的绿色智造及供应体系,以用户为中心深耕家装领域,从一张好板到生活空间,从环保产品到健康理念,积极探索空间及装配式解决方案,逐步构建绿色家居生态产业链。

受经销体系影响,家装行业传统供应链存在采购周期长、渠道成本高、库存周转慢、运营效率低等问题,同时,家装行业"供""需"端缺乏资源整合与对接,导致家装服务存在诸多痛点。

数字化加速转型的今天,家装市场的"人货场"结构正被重新定义。首先是人,消费者可以通过设计师、电商、社群、买手店等多种渠道了解家装信息并完成下单,不再局限于线下门店;其次是货,消费者对建材产品的品质和环保要求更高了,除基础需求外,当下年轻群体对于产品的功能、环保要求以及对健康生活方式的理解都不再局限于产品本身,而是对美好生活的更高向往;最后是场,包括消费场景和应用场景,消费者越来越看重体验。换言之,传统家装门店靠刷流量、拼规模、重广告的粗放式发展模式已经渐

成过去。

"识局者生,破局者存",未来整个家装行业的竞争将聚焦于如何更高效地服务消费者。传统装企已逐渐转型为整装大家居平台"供需链"模式,即通过整合线下展厅、设计师流量,加持互联网模式实现数字化获客;联合材料供应品牌打造场景化的体验及服务,实现业务链路的全闭环。

于千年舟而言,通过强化产品、产能、渠道、服务四大驱动力,重点构建新型家装"供需链"服务新模式,是新形势下应对变局的关键。随着3大制造板块、6大智能工厂及3000余家服务网点属地化布局,千年舟的供应链服务体系已展露峥嵘之势。

一、产品为本:一张引领科技风尚的健康好板

自1999年推出杉木芯细木工板开始,绿色产品及创新就成了千年舟不变的主旋律。

秉持"为人民造一张好板"的初心,千年舟参与了"无醛级细木工板环保技术应用及推广"国家级星火计划项目,共主持或参与制定国际标准1项,国家标准11项,行业标准9项,先后设立企业研究院与院士工作站。通过

持续创新引领行业发展,从 E1 到 ENF,千年舟实现了环保引领;从细木工板到 LSB 板,千年舟实现了品类引领;从光触媒抗菌到双抗一防锌效抗菌"2+1",再到新型难燃 OSB 板、乐净板、乐饰板,千年舟实现了功能引领。环保之上,进无止境,也是千年舟对品质的更高追求。

随着 Z 世代的崛起及国潮文化的兴起,年轻人对于文化的审视以及审美已经进入新的阶段。作为中国木文化的传承者,千年舟以中国传统文化为根基,以产品为载体,挖掘中华文化之内核,罗织地理风貌之博彩,汲取创新元素之奇想,赋予现代人居浓厚的文化底蕴,从平面到立面,从材料到空间,将民族文化和东方美学深深烙印在产品之中。

基于板材行业及下游消费市场的变化,公司近年来积极布局 OSB、LSB、刨花板产能建设,引进连续平压自动生产线和生产工艺,陆续在山东郯城、日照、临沂等地打造智能工厂,完成公司在自有产能上的战略布局,助力公司在碳达峰、碳中和目标推动 OSB 等低碳木竹建材应用的背景下形成差异化的产能优势。

二、服务至上:"做好柜 用好板 就用千年舟"

在消费升级的背景下,消费者个性化需求和工厂规模化生产之间的矛盾日益凸显,彰显个性化与美学化的定制家居应运而生,发展迅速。千年舟顺应市场形势,积极向下游定制家居、装配式建筑木质构件等业务延伸。

2015 年,千年舟面向全国推出全屋易装服务,通过专业设计、工业化生产和属地安装服务,提供包括地板、木门木饰面、橱柜、衣柜、全屋软装配套等全品类产品,通过社区合伙人(社区店渠道)和城市运营商(专卖店渠道)两大渠道服务连接客户,完成"测量—设计—配送—安装—售后"的全链路易装服务。

全屋易装以"好板做柜、整装到位"的服务理念,构建"好、快、全"的全屋整装服务价值,通过材料、设计、加工、安装、团购、换新的六大服务模块,提供全链路易装服务及标准化部件、解决方案的个性化打造,正逐步实现与家装公司的供应匹配及合作共赢,最终为用户提供一站式、风格统一、空间最大化利用的全屋整装服务。

近两年,消费端一站式整装需求快速增加,家装成为重要渠道。千年舟集团顺势而为推出定位于全屋定制收纳专家的"收纳刻"品牌,通过全域导流加本地服务及区域供应的新零售模式,从门店销售到打通全渠道,重构价值,带动销售。

针对家的每个生命周期,从单身素雅到新婚燕尔,从喜添麟儿到三代同堂,收纳刻提炼了六大家居生活场景及收纳痛点需求,对应开发出十大套系风格产品,充分满足不同阶段消费者的个性化收纳定制需求。

24年来,千年舟集团始于板,立于板,以"为人民造一张好板"为初心,以"缔造健康居家,引领品质生活"为使命,依托强大的供应链体系,以用户为中心深耕家装领域,从一张好板到生活空间,从环保产品到健康理念,积极探索空间及装配式解决方案,逐步构建绿色家居生态产业链。围绕绿色供应、绿色设计、绿色智造、绿色产品、绿色服务和绿色公益六大维度,深入构建"板、材、柜、居、筑"一体化健康家居产业生态,逐步将"一张好板、装配未来"的愿景化作现实,为万千国民打造绿色健康家装。

部品企业如何成为装企渠道定制专家
——VIV 床垫案例解析

知者研究

深度合作的前提是有一致的价值观,如知者研究和 VIV 都是出于"为装企赋能,助力大家居更美好"的初心,靠产品的性价比和服务的价值说话。当合作各方都能真心为用户解决问题、创造价值的时候,这个行业才有更好的前景。

一、床垫部品拓展装企渠道的必要性

1. 床垫部品的特点

(1)中国家庭床垫消费场景与房屋装修高度相关。

《天猫 2021 床垫白皮书》数据显示,中国家庭床垫消费主要在新房装修(64%)和老房翻新(8%)时进行,两者合计比重超过七成。可见,中国床垫消费与房屋装修高度相关。

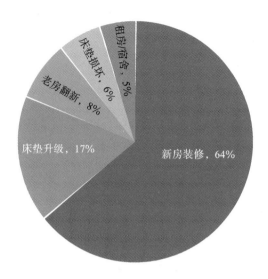

(2)床垫是软装部品中标准化程度最高的。

床垫一般有支撑层(弹簧层)、舒适层(填充层)、面料层(贴合层)三层结构,而且尺寸标准,性能稳定。床垫是软装部品中标准化程度最高的,标准化意味着产品的确定性高,床垫品质不会因渠道的不同有明显差异。对于床垫这种偏功能性的、不用展示给外人的部品来说,产品本身的性价比对用户更有说服力。品质可靠的情况下,就主要看价格。而装企渠道的价格是除去中间商的,远低于零售渠道的价格。

(3)床垫搬运相对麻烦,退换货也不方便。

床垫长度一般在2米,宽度在1.2～1.8米不等,好的床垫厚度超过25厘米,搬运相对麻烦,尤其有的社区电梯太小或没有电梯,走楼梯需要2～4人搬运,不仅增加搬运费用,处理不当也容易在楼梯转角损伤床垫而产生纠纷。这种情况下,退换货也麻烦,用户选择就会很慎重。

(4)床垫价格差异大,需要体验才放心。

普通消费者平时很少会关注床垫,等到房子装修或是想换新床垫的时候才会去了解。很多产品看图片和介绍好像也差不多,但品质相对较好的床垫动辄三五千甚至上万,没有线下体验过就买,一是不太放心,二是如果不满意,退换货比较麻烦。线下经销商渠道的好处是可以马上体验,但价格一般要比线上贵不少。

2. 家装用户从装企渠道购买床垫的好处

结合床垫部品的特点,用户从装企渠道购买床垫有三大好处。

第一是省钱。专供装企渠道的床垫,同样的品质和售后,要比用户自己从零售渠道购买便宜一半甚至2/3。因为装企渠道是厂家批量直供,比零售渠道节省了营销广告费用和店面运营成本,包括租金、水电、人员工资和销售提成等。

下图是慕思招股书披露的不同渠道床垫销售单价情况,大客户直供渠道(面向欧派家居、锦江等大型客户,该类客户采购量较大)的价格远低于电商和直营渠道(直营渠道主要面向追求服务和沉浸式消费体验的中高端客户群体,电商渠道主要面向追求性价比的中端及年轻时尚客户群体)的终端销售价格,也低于经销商渠道的拿货价。可见,如果装企规模采购,以赠送或者平价方式给到用户,一定比用户自己从零售渠道买省钱。

项目		2021年度	2020年度	2019年度
销售单价 (元/张)	经销	2004.77	2021.65	2260.39
	直营	5803.77	5898.55	6778.21
	直供	1207.63	1243.33	1458.89
	电商	2631.24	2749.54	2629.39

第二是省事。用户装修新家,基本都会换新床垫。签订装修合同后,直接在装企渠道顺带购买,也省去了再从零售渠道查找信息、反复对比的麻烦,而且可以一站式购齐床垫及相关寝具和床上用品,装修后期统一配送和安装,较零售渠道多方购买后又跟多个物流对接更省事。

第三是省心。正常情况下,装企渠道的床垫都是从全国多家供应商中精挑细选出来的,品牌数量远小于瓷砖、木地板等部品,一般只有一两个供应商。因为是优选,所以质量是有保证的,相当于装企帮用户做了次品过滤和好物严选。另外,一些装企的服务更细致,会针对老人房、儿童房等适配更贴合其睡感的床垫,这时用户选配床垫可以更省心。

3. 拓展装企渠道对部品企业的好处

新一代家装消费者更加关注最终颜值、功能实现和个性化表达,整装通过一站式购齐、全流程服务以及单一责任主体的形式,给用户提供的是一个完整的空间解决方案,更好的装修体验使其成为行业趋势。而随着更多供应链平台和信息管理工具的出现,装企可以更加高效地整合材料部品和管理更大规模的施工队伍,有了提供整装产品的能力。

随着整装设计整合的价值日益凸显,装企渠道占部品销售的比重越来越大。一方面,部品企业如方太、德尔、TATA等,纷纷与头部装企建立战略合作,相互赋能,提升用户体验。另一方面,装企也希望同头部品牌深入合作,如圣都2022年8月举办的第二届"一心一亿"联盟,以竞优策略精选18家部品品牌商加入其整装供应链,加强流程梳理和对接落地,共同为用户提供美好家居方案的整装交付。

装企渠道对部品企业的好处有三个:

其一,大环境不确定,保持产能,维持现金流的稳定。 如德尔地板在传统经销商渠道外,战略性地将家装渠道作为独立的出货渠道,并开创性地提出"护卫舰"模式,为装企伙伴提供"零顾虑"交付保障体系。

其二,离用户更近,了解用户需求,改善和升级产品,提升竞争力。 传统经销商渠道隔开了厂商和用户,使得用户的需求很难及时准确反馈给厂商,在市场快速变化时,部品企业容易错失机会,一步慢则步步慢,导致竞争力下降。而装企渠道中,部品是整体解决方案的一部分,更加贴近使用场景,反馈更快更准确。

其三,厂家逐步摆脱对传统经销商的依赖,直接为用户提供高质平价的产品。 信息越来越透明,线上线下的渠道越来越多,标准化产品的渠道溢价会逐渐降下来,会有更多物美价廉的厂牌产品(去房租、人工、广告等成本的平价产品)进入老百姓的生活。如以住范儿为代表的家装新零售,深度整合供应链,把好而不贵的精选产品分享给用户。其供应链品牌由三类组成:超高性价比的厂牌,符合新一代消费者的网红品牌,以及覆盖主流人群的标杆大牌。渠道的变革给了部品厂家更多的选择,也带给用户更大的实惠。

二、VIV——装企渠道床垫定制专家

中深爱的是中国床垫制造领域的富士康,目前为400＋国内品牌、200＋国际品牌代工,并为5000＋酒店供应床垫。其总部在深圳,有深圳、天津、惠州、嘉兴、陆河等八个生产基地,总生产面积为35万平方米,年产能达到150万张床垫,每年推出3000新款床垫满足用户需求。

维尔德曼(VELDEMAN)集团总部在比利时,成立于1954年,核心业务是为中高端市场开发和生产高质量的睡眠系统,目前是欧洲较大的整体睡眠系统制造商之一,在欧洲比利时、法国、波兰等国拥有六大生产基地,加上中国的八个生产基地,工厂占地面积达100万平方米。目前,维尔德曼集团的销售网点遍布欧洲。

2018年,中深爱的与维尔德曼集团合作,成为维尔德曼集团亚太地区制造产地。凭借技术研发、规模优势和精益制造实力,中深爱的联合维尔德曼集团开始了为中国装企渠道中高端客群定制开发高质平价床垫品牌VIV的尝试。但是,前期VIV对装企缺乏足够的了解,于是从家装家居领域筛选了许多行业专家、学者,最终找到穆峰老师创办的知者研究,由知者研究为其装企渠道的开拓做品牌策划和战略咨询,提供"陪跑式咨询＋年度顾问＋落地跟进"服务。

1. 专项调研——奠定策略基础

没有调查就没有发言权,做出决策之前首先要做的就是深入了解装企渠道客户的真实需求。为此,知者研究联合欧洲VIV,针对装企引流到店、

第五篇 行业创新在路上

销售转化及整装产品相关问题,经过多次策略、内容和形式讨论,最终形成装企调查表,在知者研究的多个行业群群发。

因为问卷针对性较强,重点邀约意向客户填写,贵精不贵多,有不同规模装企的高管、创始人、设计师等不同角色参与,历时6天完成问卷收集。经过调查和问卷分析,验证了前期的很多判断,有了更准确的数据支撑,为下一阶段各项策略的制定奠定了基础。

2. 品牌策略——找到关键要素

通过专项调查发现:第一,装企普遍面临引流成本越来越高的问题,但同时引流品同质化严重,没有很好的解决方案;第二,大部分装企能接受将高价值床垫打包进套餐提升整装产品的价值,只要价格合适,卖点十足,有足够的吸引力;第三,装修用户对床垫有一定的品牌认知度,关键在于品牌包装、产品价值呈现、独一无二的价格和睡感体验。

基于此,知者研究为VIV的品牌定位提出四个关键要素:

(1)品类:装企渠道;

(2)定制:有差异化;

(3)赋能:欧洲大牌;

(4)3倍好:产品势能。

最终形成了"欧洲VIV—渠道定制床垫专家"的品牌定位,并设计了新的品牌logo,明确了"成为床垫ToB渠道第一品牌"品牌愿景和"助力渠道,让家更舒适"的品牌使命。

在明确品牌定位的基础上,还需加强品牌传播升级,如合作装企以"让B端好卖,对C端塑造价值"的定位创作短视频内容,设法提升品牌调性,建立跟慕思一样的高端品质认知,围绕这一认知调整物料、手册、话术等。另外,知者研究还会通过新书内容展示、发布会颁奖、论坛交流、游学等方式为VIV的品牌宣传搭建平台,加速VIV在装企渠道的业务拓展。

3. 产品策略——匹配装企业务

通过专项调研,知者研究明确了VIV的用户画像:

(1)不太看重品牌,而是追求床垫的品质、功能和睡感;

(2)能够接受"国内贴牌但同品质价格便宜三分之二的国际品牌";

(3)会考虑在装企渠道购买产品价值高、价格合适的床垫。

基于用户画像,VIV针对装企渠道主打三款床垫产品,可以满足不同层次用户的基本需求。

一是签单赠送款,签订合同后给客户赠送床垫作为促进签单转化的手段之一。品质中等,性价比高,相对于动辄2000元以上的获客成本,装企赠送床垫实际支出的费用要少很多。

二是整装配套款,用于提高套餐产品价值。压缩卷包发货,不用担心电梯进不去的问题,提高配送效率和装修体验。

三是零售高附加值款,睡眠屋体验+高价值产品零售,场景化零售体验更好,能为装企带来一定的销售利润。该产品对标市场上高端品牌,给对健康睡眠有更高要求的家装用户更好的体验,使其以远低于零售渠道的价格享受到高端床垫产品。

不仅是床垫顺应多品类整合趋势，VIV也在设法提供枕头、软床、智能床等相关品类解决方案，为不同规模和类型的装企提供匹配的解决方案。总之，产品要跟装企业务做好匹配，通过销售培训支持、品宣设计支持、一件代发服务等为装企赋能。

4. 渠道策略——全程陪跑赋能

相对于喜临门、慕思等 C 端知名度较高的品牌，VIV 作为新品牌在渠道开发方面存在一定劣势。为此，知者研究从实际出发，以更灵活的方式为VIV 渠道拓展赋能。

首先，知者研究全程陪跑，帮助 VIV 装企渠道负责人提升对家装行业的认知，深入理解家装行业及装企需求；其次，知者研究每年都会有几个月的时间在全国各地走访装企，在这个过程中，知者研究会适时地向部分头部装企引荐 VIV，凭借中深爱的和维尔德曼集团的背书，VIV 能更快地和意向装企进行对接；再次，如果渠道开发中遇到瓶颈或难题，知者研究也会帮助 VIV 分析原因，在过程中调整方式方法，逐步化解问题。

在具体的渠道策略上，就是基于既定的销售目标，聚焦区域头部装企，系统性能力输出打造合作标杆，再以此为案例撬动其他装企，形成正循环。首先，将潜在客户按照年产值规模分类初步划 ABC 类，根据不同类型的装企客户画像筛选出能较快合作的头部装企；其次，确定主攻方向，进行针对性链接、拜访和洽谈，可采用线上专题研讨会或直接见面沟通；最后，定制产品方案和政策方案，达成合作。

5. 服务策略——形成服务手册

VIV 产品能够真正对装企形成助力，快速拓展装企渠道，还得看最终的实施情况。

为此，知者研究同 VIV 装企渠道负责人反复磨合，详细罗列装企和装修用户在售前、售中、售后经常提出的问题，并给出了 VIV 的解决方案，包括如何通过床垫引流、床垫在门店的展示方案及细节、如何接单、不同情况下配送问题的处理、售后服务标准和流程、对装企活动和培训方面的支持，等等。

最终，帮助VIV构建完整的、具有可操作性的服务体系，形成标准化的服务手册，为VIV装企渠道的拓展筑牢根基。

三、VIV对部品行业的启示

1. 从制造到服务升级需要各方共同努力

工信部等15个部门于2020年8月联合印发《关于进一步促进服务型制造发展的指导意见》，加快推进服务型制造深入发展。制造企业通过创新优化生产组织形式、运营管理方式和商业发展模式，不断增加服务要素在投入和产出中的比重，从以加工组装为主向"制造＋服务"转型，从单纯出售产品向"产品＋服务"转变。

像知者研究这类专注整装战略落地的机构就是家居部品企业从制造到服务升级的一大助力，深耕家装家居行业多年，积累了不少资源，可以为部品企业提供品牌定位、行业顾问、渠道拓展等服务。

2. 好的产品永远是第一位的

VIV依托中深爱的制造实力和欧洲维尔德曼集团技术积累，同样性能的产品可以给用户更大的实惠，助力装企获客转化和提升体验。所以，好的产品永远是第一位的。在这个基础上，外部资源如知者研究的陪跑和深度服务才能发挥更大作用，为装企、用户、VIV和知者研究都带来好处，实现多方共赢和可持续发展。

3. 价值观一致是各方深度合作的基础

外部环境不确定性增加和国内经济降速的大背景下，各行各业都感到了压力，包括家装在内的传统产业都站在了变革的十字路口。谁能为用户提供更高性价比、与众不同的产品和服务体验，谁就能活得更久，甚至逆势扩张。

对装企来说,要降本增效,就需要做出取舍,就需要聚焦资源于自己擅长的方面,就需要跟同样专业的团队合作。而深度合作的前提是有一致的价值观,如知者研究和 VIV 都是出于"为装企赋能,助力大家居更美好"的初心,靠产品的性价比和服务的价值说话。当合作各方都能真心为用户解决问题、创造价值的时候,这个行业才有更好的前景。

致　　谢

感谢以下品牌及公司对本书上市的支持

九牧集团：全球数智卫浴领跑者

九牧集团创立于 1990 年，是一家以数智卫浴为核心，集研发、制造、品牌、营销、服务于一体的全产业链、创新型、国际化的知名企业。集团在全球设有 16 个研发中心和 15 家高端数智灯塔工厂，行业首创 5G 灯塔工厂、零碳 5G 灯塔工厂，品牌价值 1368.25 亿元，卫浴行业销量中国第一、世界前三，连续 13 年蝉联行业第一。

九牧集团旗下拥有高端卫浴品牌 JOMOO 九牧、轻奢卫浴品牌小牧优品、高端卫浴品牌 Urban、高端橱衣柜品牌 Goldreif、全球顶级卫浴品牌法国 THG、全球顶级橱柜品牌德国 Poggenpohl 等六大品牌，以"单聚焦、多品牌、全场景、国际化"为发展战略，致力成为"全屋场景解决专家"。

嘉悦天盛：让家更有度，懂家更懂你

嘉悦天盛装饰工程有限公司是集高端私宅和顶级办公空间设计、造价、施工、材料、软装配饰于一体的专业设计机构，从事设计装饰领域近二十年，云集众多海峡两岸资深设计师,打造了一支追求极致客户体验的专业团队,凭借全程管家式贴心服务赢得了良好的客户口碑,获得了国内近百项各类荣誉,成为海峡西岸高端空间设计领域的一匹黑马。

嘉悦天盛从创立之初,就立志做一家有设计、有价值、有尊严,无增项、零售后、超放心的高端空间设计机构。通过用心的设计、最好的材料、严苛的工艺,让每一位选择嘉悦的客户都能享受到极致的服务和体验。因为嘉悦,生活添盛。

小米优家:第三方装饰工程管理公司

小米优家成立于2016年,创始人任文杰2001年从事装修行业,一直在交付后端坚守阵地,在B端服务上下功夫,他认为好的产品及客户体验离不开交付体系及交付场景化建设。

小米优家倡导"监"与"管"有机结合,推动装企工程预控管理数字化,工人共享模式建设,预设服务消项管理等,企业运营产品涉及装企工程管理流程及工程架构顶层设计,工艺展厅研发,专业化监理全流程服务,工程人员塑形管理与培训,先后服务多地域头部装企,并在八个城市设立分部或子公司。

云立方-云装天下:装饰行业数字化管理 ERP 软件

云立方是国内领先的装饰企业管理软件 SaaS 服务商,成立于2014年,创始人丁胜有10年装修公司一线实操经验,10年装企数字化管理服务经验,近20年深耕在这个大行业,致力于用科技的力量解决传统家装管理的痛点。

云立方-云装天下装修管理软件(ERP+APP+小程序)是众多头部装企的共同选择,面向家装、公装、精装房、商业空间等其他装饰工程,联合生态伙伴为装企提供营销获客、客户管理、设计进度、预算报价、合同管理、项目管理、材料进销存、财务收付款、竣工结算、成本管控、报表分析等内部及上下游协同的全链路信息化管理解决方案,优化各环节周期,减少人工出错,控制成本漏洞,赋能装修产业数字化管理,构建新生态。

幂态科技:数字化场景体验,智能化谈单系统

"智能化场景谈单系统,让客户秒懂,让成交时间更有效!"

幂态科技以用户"秒懂率"体验为设计理念,以MR技术为底层,与装企真实物理场景深度融合,打造数字化谈单场景,并匹配高效成交认知及话术体系,构建出装企智能化营销展示谈单系统,实现展厅数字导游式的成交场景体验。全方位数智赋能装企工艺工法场景、材料展示场景、样板间导视场景、文化宣导场景等,以高效提升成交时效和营销效能。

LMNET帘盟:一站式窗帘家居"智慧供应链"服务商

帘盟科技2016年4月成立于中国上海,荣获上海市"专精特新"中小企业和重点培育创业企业称号,多次获得政府创业创新基金奖励,获险峰长青、泽厚资本等多家资本机构风险投资。

与圣都整装、沪佳装饰、尚品宅配、多乐士焕新等上千家家装家居企业建立了全国战略合作关系,拥有上万款商品;建有上海、北京、广州、成都、武汉、西安六大营销中心,以及上海、广州两大近两万平方米直营生产加工基地,交付服务覆盖一至六线2500多个城市。基于属地化营销和交付服务体系、以及"柔性供应链"和智能制造工厂,能快速帮助装企建立窗帘及软装产品销售能力,大幅提升转化率,降低成本,提高软装产品市场竞争力。

德国贝朗卫浴:懂生活,慧享受

贝朗卫浴(BRAVAT)是德国百年卫浴集团Dietsche旗下高阶品牌,诞生于欧洲人的理想度假胜地——德国黑森林,专门研发与水相关的产品。

自 2000 年起,贝朗卫浴正式实施集团全球战略,开始进入中国市场,用内装工业化模组,为"懂生活,慧享受"的格调生活者提供整体厨卫解决方案。

贝朗凭借出色的外观设计、可靠的质量、良好的服务与值得信赖的品牌承诺,屡获 iF、Reddot、IDEA、GDA、G-mark 等国际设计大奖,广受追求全球高品质生活消费者的钟爱,被行业认可为有竞争力的德系品牌。在全球 150 个国家和地区的众多五星酒店、高奢会所、精品小区内都有着贝朗的身影。

智装:装修行业全流程数字化管理系统

智装成立于 2014 年,专注于家装行业数字化服务,助力于家装行业实现数字化转型,打造了多款以家装数字化为核心的"智装"系列产品,贯通了装修业主服务、家装公司内部管理、材料商和产业工人管理、供应链组织等全流程管理系统。旗下明星产品,智装天下、云智装、材犇犇、客服服务平台、资金中台已成为中国头部装企数字化可靠的系统工具,专注解决家装管理、运营、降本增效等难题。智装历经 8 年的飞速发展,已服务 5000 余家家装公司,超过 20 万家装从业人员在使用智装处理日常工作。

公牛集团:十户中国家庭、七户用公牛

公牛集团成立于 1995 年,集团在产品创新、营销创新、品牌创新及供应链创新上专业专注 28 年,目前业务涵盖电联接业务及数码精品业务、智能生态业务,集团销售规模突破 140 亿元,10 年复合增长率 20%。集团于 2020 年上市,市值过千亿,在转换器、墙壁开关及 LED 照明三大品类,均稳居行业前列位置。随着集团进一步发展,系统化、智能化、国际化正成为公牛集团下一个快速发展的目标与战略。